写真 1
「レアンドロ・エルリッヒ展」では、左のようなインパクトある写真がSNS上に大量に拡散され、61万人もの集客につながった（⇒33ページ）

レアンドロ・エルリッヒ
《建物》
2004年／2017年
展示風景：「レアンドロ・エルリッヒ展：見ることのリアル」森美術館、2017年
撮影：長谷川健太
写真提供：森美術館
Courtesy: Galleria Continua

写真 2
《スイミング・プール》の写真を森美術館のチケット売り場で提示すると入館料が割引になる「プール割り」キャンペーンを行った（⇒40ページ）

レアンドロ・エルリッヒ《スイミング・プール》2004年
金沢21世紀美術館蔵
撮影：木奥惠三
写真提供：金沢21世紀美術館

写真3
文化の発信として、年に１回「六本木アートナイト」という街を舞台にしたアートイベントを開催している (⇒51ページ)

ⓒteamLab Exhibition view of MORI Building DIGITAL ART MUSEUM：EPSON teamLab Borderless, 2018, Odaiba, Tokyo c teamLab

写真4
2018年にはお台場に「森ビル デジタルアート ミュージアム：エプソン チームラボ ボーダレス」をオープンした (⇒51ページ)

写真５
開館時間をきちんと伝えるなど、「基本情報をきちんと言っていくこと」を怠らないようにしている （⇒67ページ）

写真６
展覧会の会期末には「閉幕まで７日」というように、「カウントダウン」の投稿をしている （⇒71ページ）

写真7
投稿する写真につけるテキストの1行目は、これはどんな投稿なのかという「タイトル」にしている (⇒81ページ)

写真8
多くのアーティストが参加するグループ展では、メインビジュアルを多く拡散させることでバランスのよいプロモーションになる (⇒84ページ)

写真 9
SNSの話題に上がっているトレンドを作品に紐づけて投稿している（⇒102ページ）

写真10
2016年に開催した「宇宙と芸術展」では、ミュージアムカフェと協力して、「ブラックホールかきあげ丼」というメニューを開発した（⇒105ページ）

写真11
「N・S・ハルシャ展」では、ミュージアムカフェの展覧会特別メニューとして提供した「ココナッツミルクとトマト風味のチキンカレー」のライスを、展覧会のキービジュアルであるピンクにして話題を呼んだ (⇒106ページ)

写真12
「六本木クロッシング2019展」では、SNS改元企画として、出展作家の林千歩さんがAIロボット「アンドロイド社長」とともに「令和」を披露。会期中で最もエンゲージの高い投稿となった (⇒116ページ)

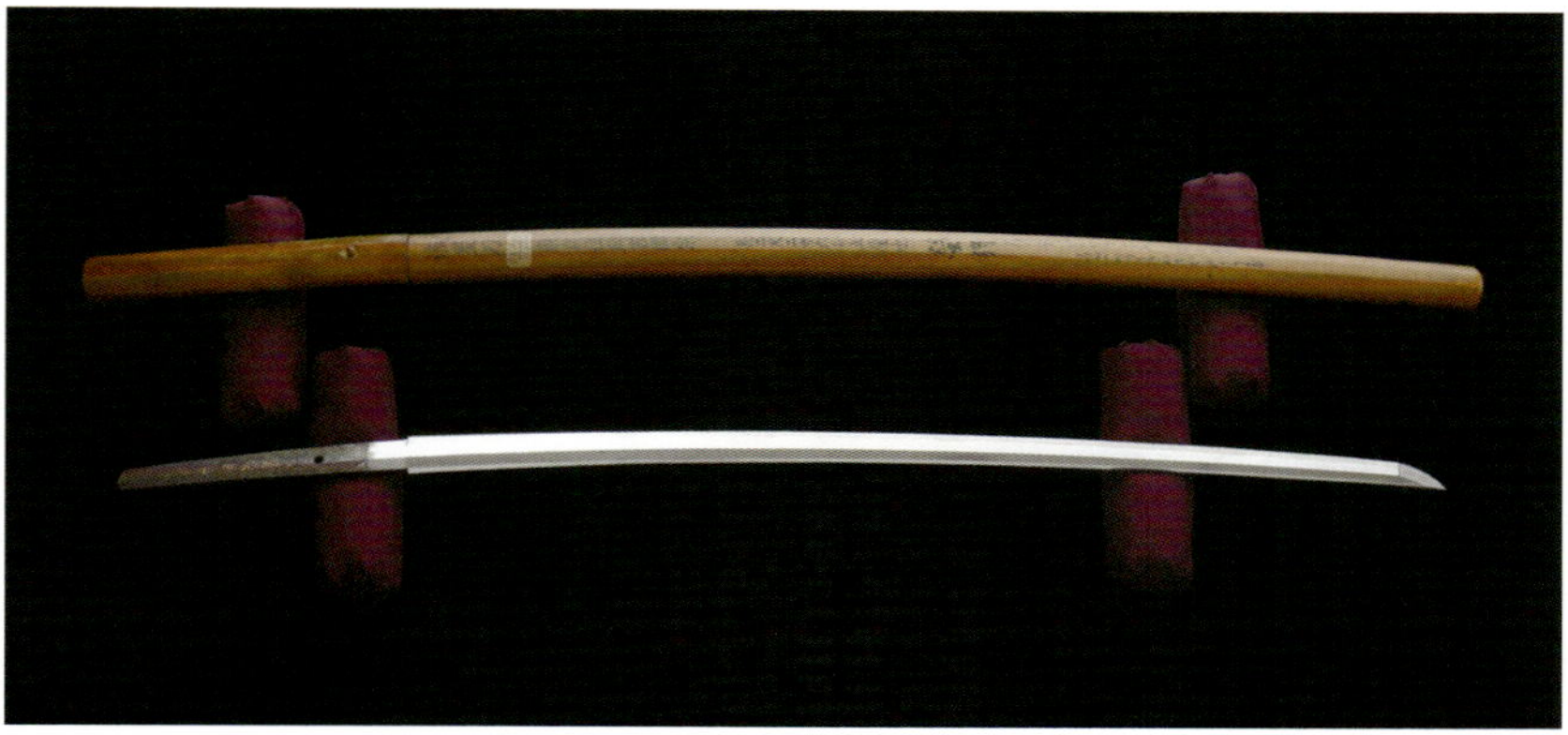

写真13
榎本武揚が作成させた鉄の隕石から作られた日本刀《流星刀》（⇒117ページ）

岡吉国宗《流星刀》1898年
所蔵：東京農業大学図書館
撮影：木奥惠三

写真14
天野喜孝氏に《流星刀》をキャラクター化してもらった（⇒119ページ）

写真15
展覧会に出展されるシンボリックな作品をジャンル別にピックアップし、先行してSNSに投稿し反応をみる。どのような層に、どんなジャンル、どんな作品が好まれるのか、事前にリサーチすることができる

空山基《セクシーロボット》2016年
展示風景：「宇宙と芸術展：かぐや姫、ダ・ヴィンチ、チームラボ」森美術館、2016年
撮影：木奥恵三
Courtesy：NANZUKA

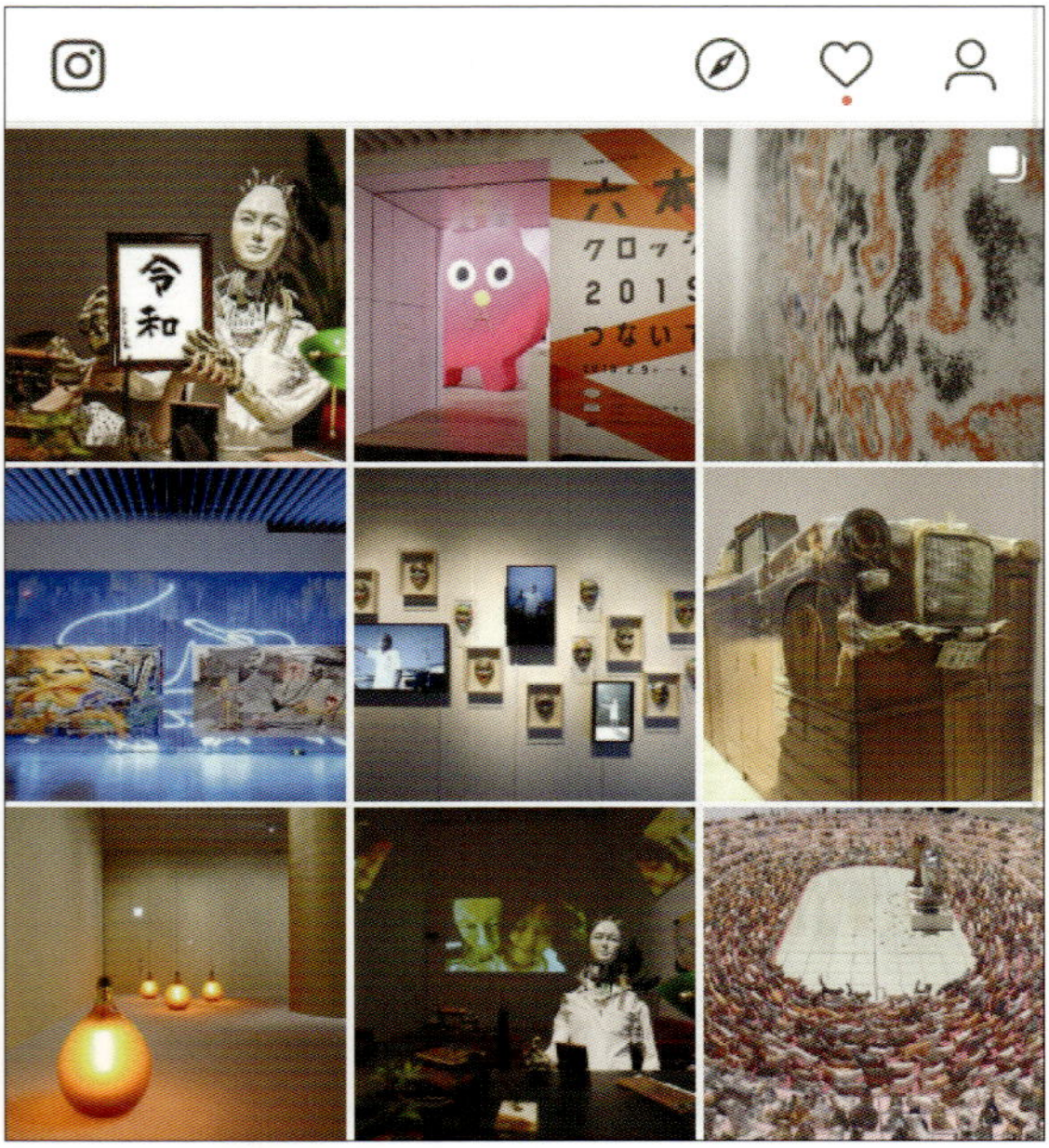

写真16
インスタグラムのトップページは統一感や美観を意識したものにする（⇒144ページ）

ART TO SHARE

SNS Marketing Strategies
of Mori Art Museum

森美術館のSNS マーケティング戦略 シェアする美術

森美術館広報・プロモーション担当
洞田貫 晋一朗
DODANUKI SHINICHIRO

SHOEISHA

カバー写真

左上
レアンドロ・エルリッヒ《建物》
2004年／2017年
展示風景：「レアンドロ・エルリッヒ展」2017年
撮影：長谷川健太
Courtesy: Galleria Continua

右上
N・S・ハルシャ《空を見つめる人びと》
2010年／2017年
展示風景：「N・S・ハルシャ展」2017年
撮影：@kenta_soyoung

左下
フェリックス・バコロール《荒れそうな空模様》
2009年／2017年
展示風景：「サンシャワー：東南アジアの現代美術展 1980年代から現在まで」2017年
撮影：木奥惠三

右下
竹川宣彰《猫オリンピック：開会式》（部分）2019年
展示風景：「六本木クロッシング2019展」

はじめに

「入場者数ランキング」躍進の秘密がここにある

本書を手にとっていただき、ありがとうございます。

私は東京・六本木の森美術館でマーケティングを担当している、洞田貫晋一朗と申します。

いま、森美術館のデジタルマーケティング戦略は、各方面から注目を浴びています。

森美術館という現代アートのプラットフォームで、デジタルマーケティングを本気でやってみたら、どんなことが起こったか？　これまで私が取り組んできたことを、これからみなさんにお伝えしてまいります。

まずは次ページの表をご覧ください。２０１８年に開催された国内展覧会の「入場者数ランキング」（『美術手帖』調べ）です。

▶2018年美術展覧会入場者数

会期	日数	展覧会名（主催者）	総入場者数	1日単位の平均入場者数
2017年11月18日〜4月1日	135	レアンドロ・エルリッヒ展：見ることのリアル（森美術館）	61万4,411（東京シティビューとの共通チケット）	4,551
4月25日〜9月17日	146	建築の日本展：その遺伝子のもたらすもの（森美術館）	53万8,977（東京シティビューとの共通チケット）	3,692
5月30日〜9月3日	85	ルーヴル美術館展　肖像芸術―人は人をどう表現してきたか（国立新美術館、ルーヴル美術館、日本テレビ放送網、読売新聞社、BS日テレ）	42万2,067	4,965
2017年10月24日〜1月8日	66	ゴッホ展　巡りゆく日本の夢（東京都美術館、NHK、NHKプロモーション）	37万31	5,607
2月14日〜5月7日	73	至上の印象派　ビュールレ・コレクション（国立新美術館、東京新聞、NHK、NHKプロモーション）	36万6,777	5,024
2017年10月21日〜1月28日	82	北斎とジャポニスム―HOKUSAIが西洋に与えた衝撃（国立西洋美術館、読売新聞社、日本テレビ放送網、BS日テレ）	36万4,149	4,441
7月3日〜9月2日	55	特別展「縄文―1万年の美の鼓動」（東京国立博物館、NHK、NHKプロモーション、朝日新聞社）	35万4,259	6,441
1月16日〜3月11日	48	特別展「仁和寺と御室派のみほとけ―天平と真言密教の名宝―」（東京国立博物館、真言宗御室派総本山仁和寺、読売新聞社）	32万4,042	6,751
7月31日〜10月8日	63	没後50年　藤田嗣治展（東京都美術館、朝日新聞社、NHK、NHKプロモーション）	30万1,638	4,788
2月24日〜5月27日	82	日本スペイン外交関係樹立150周年記念　プラド美術館展　ベラスケスと絵画の栄光（国立西洋美術館、プラド美術館、読売新聞社、日本テレビ放送網、BS日テレ）	29万5,517	3,604

出典：『美術手帖』HP

URL https://bijutsutecho.com/magazine/insight/19034

ご覧のように、ランキングの1位、2位を、森美術館の企画展が占めています。

1位は、アルゼンチン出身のアーティスト、レアンドロ・エルリッヒの個展「レアンドロ・エルリッヒ展：見ることのリアル」で、61万人を超える来館者を記録しました。これは、2003年に開催された森美術館の開館記念展「ハピネス」（73万人）に次ぐ、歴代2位の入場者数となります。

2位は、古代から現代までの建築資料や貴重な模型、体験型インスタレーションなど400点を超える展示を集めた「建築の日本展：その遺伝子のもたらすもの」。日本建築の9つの特質を遺伝子としてとらえ、日本のみならず国際的にどのような広がりを見せているのかを検証していく展覧会でした。建築という専門的な分野にもかかわらず、こちらは53万人を超える入場者数を記録しました。

さて、ここまで読まれて、読者のみなさんの中には、不思議に思われた方もいるかもしれません。3位の「ルーヴル美術館展」（国立新美術館）、4位の「ゴッホ展」（東京都美術館）など、国公立の美術館で開催された大規模展覧会よりも、六本木の私立美術館で開催された現代アートや建築の展覧会のほうが多くの入場者を集めているからです。

森美術館が、ここまで入場者を集めることができたのは、どうしてなのか？

その秘密は、ＳＮＳ（ソーシャル・ネットワーキング・サービス）をはじめとした、**デジタルマーケティングを駆使した戦略**にあります。デジタルマーケティングが、美術館の集客に直接的な影響を与えている、つまり、来館者の層にピンポイントで効いているということです。

日本の美術館の中で最大規模のフォロワー数

私は２０１５年、ソーシャルメディア・マネージャーとも呼ばれるＳＮＳ管理者、いわゆる「中の人」を担当することになりました。美術館のソーシャルメディア戦略を練り、ツイッター、インスタグラム、フェイスブックなどのＳＮＳを分析しながら、デジタルツールを駆使して戦略的に情報を発信するのが仕事です。

担当しているのは、森美術館のＳＮＳアカウントだけではありません。六本木ヒルズの展望台「東京シティビュー」や、そこで開催される企画展のＳＮＳも管理しています。また、新興ＳＮＳの動向をチェックし、目まぐるしく変わり続けるＳＮＳの情報を収集するのも大切な仕事です。

ある方から、「専門的にＳＮＳの分析と運用をしている美術館・博物館（以下、ミュージアム）は、日本では森美術館だけではないか」と言われたことがあります。確かに、国内の美術館では珍しいことなのかもしれません。

手前味噌で恐縮ですが、私がＳＮＳの専任になり、戦略的な運用を始めてから、森美術館のフォロワー数は飛躍的に伸びました。いまではツイッターが約17万３０００人、インスタグラムが約12万人、フェイスブックが約12万人、計およそ41万人のフォロワーを抱えています（２０１９年5月現在）。

このフォロワー数は、**日本の美術館の中で最大規模**です。

最高のテクニックはＳＮＳ運用の本質を理解すること

最近では、森美術館のＳＮＳ運用が一般企業からも注目され、広報やマーケティング担当の方向けに講演をさせていただく機会が増えました。そのたびに、ＳＮＳの運用でいかに多くの方が悩んでいらっしゃるか、肌で感じています。

- **どんなことを投稿すればいいの？**
- **「いいね」や「リツイート」を増やすには？**

・どうすればフォロワーが増えるの？
・炎上しないためにはどうすればいい？
・SNSの重要性を組織に理解させるには？

本書では「これをやればバズる！　フォロワーが増える！」といったハウツーをお伝えするつもりはありません。SNSの技術的な手法は、それぞれ発信元に合わせながら作り上げていくのがベストですから、そのパターンは無限です。また、テクニックもすぐに古くなっていくものです。

仕様変更も頻繁に起こります。縦画面で表示される「ストーリーズ」がインスタグラムとフェイスブックに実装されて、企業アカウントが素材の作り方を考え直さなくてはいけなくなった例もあります。

したがって、テクニカル的なことはまた別の機会にお話しするとして、本書ではSNS運用における最も大切な部分に触れたいと思っています。**SNS運用の本質を理解することが、最高のテクニック**なのです。

美術館のSNSを運用していたからこそ、気づいたことがたくさんあります。SNSをどのように運用していくべきか、どこに軸足を置いて発信し、どのように分析していくのがよいか、どのように組織内で共有し、周りの人の協力を得て、最終的にどのような結果が生まれるのか。

私がいまの仕事で一番重要だと思っていることを、実際の事例とともにお話ししたいと思っています。

従来のSNSに関する本は、デジタルマーケティングの運用コンサルタントなど、いわゆる「プロ」によって書かれたものがほとんどです。私のような企業SNSの「中の人」が書いている本、しかも美術館におけるデジタルマーケティングを紹介する本は、極めて珍しいのではないでしょうか。

私がSNS担当として、現場で汗を流して取り組んできたこと、自らの手で試行錯誤しながらつかんできたことは、本書を手にとってくださったみなさんの役に立つのではないかと考えています。

美術館、博物館に所属している同業の方はもちろん、企業、行政などの組織でSNSを担当されている方、個人でSNSを楽しんでいる方や、これからSNSを始めてみたいと考えている方にも、お伝えしたいことがたくさんあります。

したがって、できるだけ難解な言葉を避けてお伝えしたいと思っています。このことは、実はＳＮＳの運用にも共通する大切なことだったりします。

現代アートの美術館におけるプロモーションの最前線を知っていただきながら、アートとＳＮＳの相性のこと、多少の失敗談など、楽しみながら読んでもらえるような構成にしています。


そろそろ前置きはこのあたりにして、本題に移ってまいりましょう。

まずは、「レアンドロ・エルリッヒ展」がなぜ成功をおさめたのか、その舞台裏を公開していきたいと思います。

本書を通じて、美術館とアートの魅力、そしてソーシャルメディアの可能性と面白さを体感していただければ幸いです。

シェアする美術 ● 目次

「レアンドロ・エルリッヒ展」成功の舞台裏

第2章 海外の美術館の最新ＳＮＳ事情 …… 89

第5章 テクニックよりはるかに大切なこと ……… 159

■会員特典データのご案内

本書の読者特典として、「Twitter投稿ログシート」をご提供致します。会員特典データは、以下のサイトからダウンロードして入手いただけます。

https://www.shoeisha.co.jp/book/present/9784798160009

●注意

※会員特典データのダウンロードには、SHOEISHA iD（翔泳社が運営する無料の会員制度）への会員登録が必要です。詳しくは、Webサイトをご覧ください。

※会員特典データに関する権利は著者および株式会社翔泳社が所有しています。許可なく配布したり、Webサイトに転載したりすることはできません。

※会員特典データの提供は予告なく終了することがあります。あらかじめご了承ください。

●免責事項

※会員特典データの提供にあたっては正確な記述につとめましたが、著者や出版社などのいずれも、その内容に対してなんらかの保証をするものではなく、内容やサンプルに基づくいかなる運用結果に関してもいっさいの責任を負いません。

イントロダクション…………

「レアンドロ・エルリッヒ展」成功の舞台裏

美術館の集客も「紙」から「デジタル」へ

2018年の「入場者数ランキング」1位に輝いた、森美術館の「レアンドロ・エルリッヒ展」。その集客に大きく貢献したのがツイッター、インスタグラム、フェイスブックをはじめとしたSNSであることは、「はじめに」でお伝えした通りです。

一般的に展覧会の告知方法は、テレビ・ラジオを除けば、紙媒体による告知が主流です。たとえばチラシの配布、ポスターの掲示、招待券を配る。広告予算があれば、新聞・雑誌広告や、交通広告（駅や電車内に掲出する広告）を出す展覧会もあります。

駅のポスターや電車の中吊りで、展覧会の告知を見たことがある人も多いでしょう。駅広告の場合、掲示期間、掲示する駅の乗降客数、乗り入れている路線、沿線のミュージアムの種類などを考慮し、戦略的に展開します。費用が高額になるため、費用対効果を考えて慎重に広告を打つことが求められます。

森美術館の場合、こうした交通広告を出すことはほとんどありません。確かに広告を見た人が興味を持ち、スマートフォンで検索をする、ハッシュタグで調べる、といった効果は期待できそうです。しかし交通広告の情報は、街で偶然出会った「ネット検索の素材のひとつ」になってしまったのではないでしょうか。

みなさんも通勤・通学の際、駅や車内で多くの広告を目にしていると思いますが、その広告に興味がない、広告主から見てもターゲットではない場合は、「検索する」というアクションすら結びつきにくいのです。スマートフォンの画面を見ていて、広告に気がつかないこともあるかもしれません。

せっかく広告を出しても、広告の印象が残らず、覚えてすらもらえない可能性を考えると、積極的にはやりにくいのが正直なところです。


こうした広告の流れが変化し始めたのは、スマートフォンの普及がきっかけだと思っています。

特に私が森美術館のＳＮＳの担当になった２０１５年頃、それまで小型だったスマートフォンの画面が大型化し、カメラ機能も飛躍的に向上しました。鮮明な画面を楽しむような使い方に変化し、通信も４Ｇになり高速化したことで、写真や動画をいつでもどこでも発信する流れが加速したのです。

具体的なデータをご紹介しましょう。次ページの図は、「レアンドロ・エルリッヒ展」に来館した方の「来館のきっかけ」をまとめたものです。

▶「レアンドロ・エルリッヒ展」来館者の動機

来館につながる情報をどこで得たか

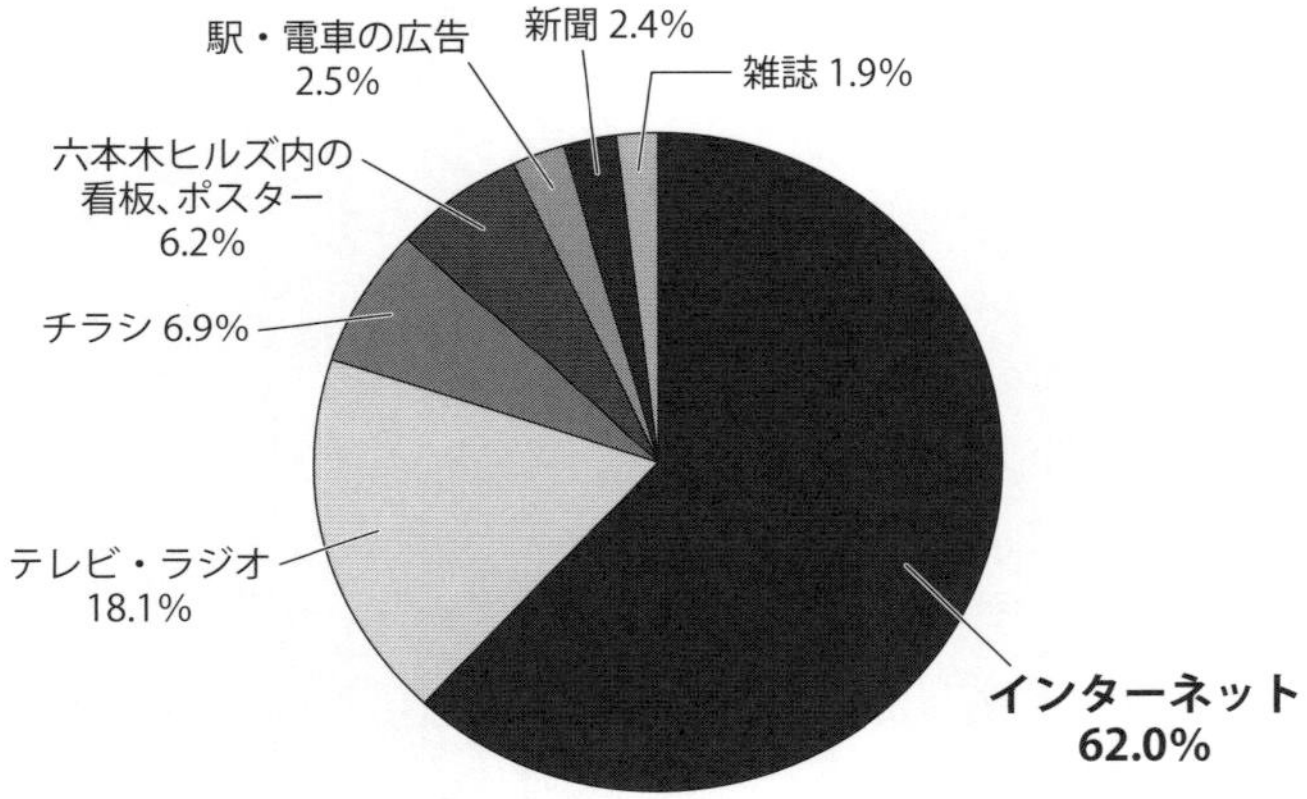

▶「レアンドロ・エルリッヒ展」来館者動機

来館動機（インターネットと回答の内訳）

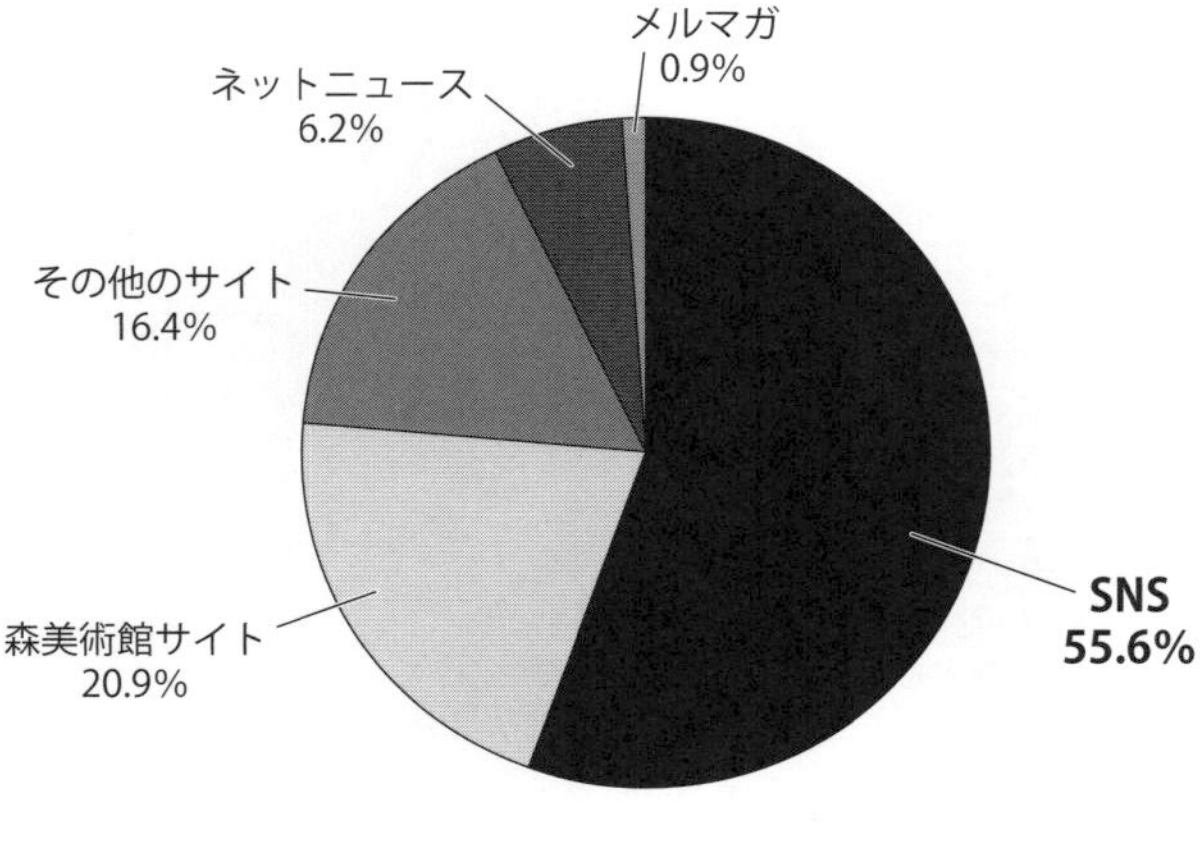

ご覧いただくとわかるように、およそ60パーセントの来館者がスマートフォン・パソコン、つまりインターネットからの情報をきっかけに来館しています。チラシ・ポスターなど、紙をきっかけにして来館した来館者は、わずか20パーセント弱にとどまっています。

さらに「インターネット」と答えた方の内訳を見ると、なんとウェブサイトを抑えてSNSをきっかけに来館した方が一番多いことがわかりました。

いかにSNSが、展覧会に出向く動機になっているか。美術館側からしてみれば、**展覧会の動員において欠かせないツールになっている**ことが、このデータからよくわかると思います。

ただ、そこには森美術館に興味を持っている年齢層も深く関係しています。

次ページの図は、「レアンドロ・エルリッヒ展」に来館した方の年齢層です。20代が最も多く39・4パーセント、次いで10代の17・2パーセント、30代の14・7パーセントという結果となっています。

森美術館は、全体のおよそ70パーセントが10~30代の若い来館者なのです。40代も加えると、80パーセントを超えます。この世代は1日当たりのスマートフォンの利用時間が長く、ソーシャルメディアを活発に利用している層です。一方、50代以上の来館者は、10パ

▶森美術館来館者属性（年代）

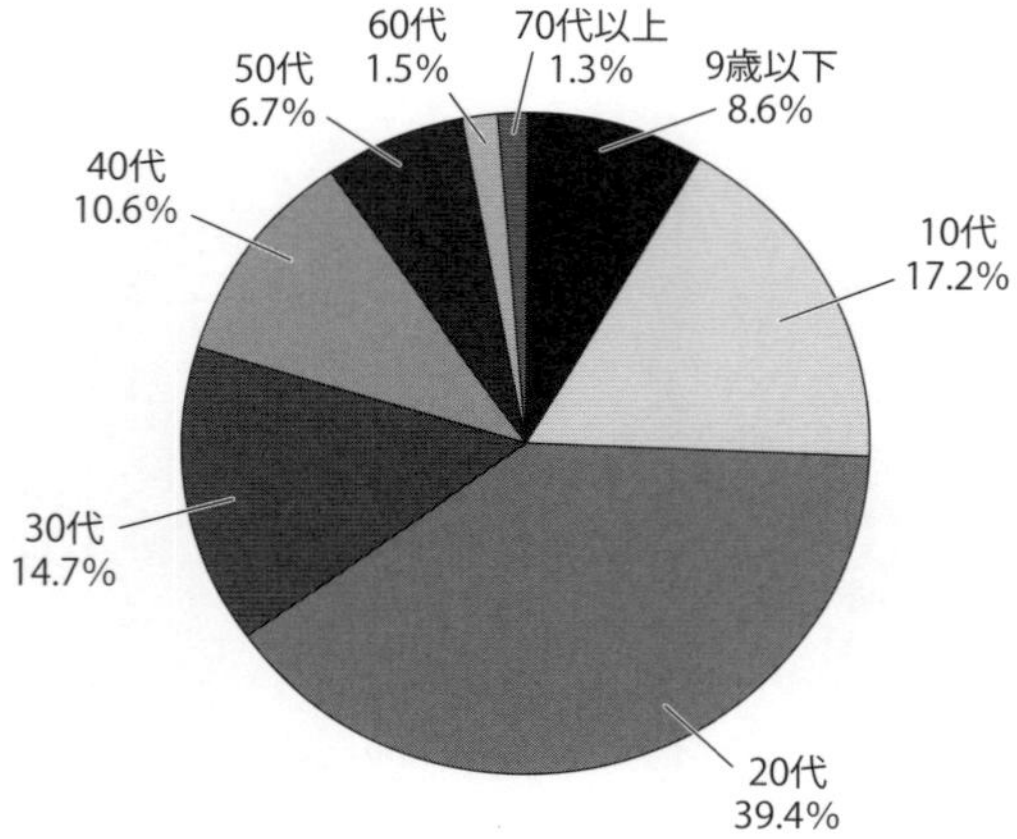

「レアンドロ・エルリッヒ展」（2017年11月〜2018年4月）

ーセントにとどまっています。

ＳＮＳを活発に運用しているから若い層に響くのか。それとも、若い層が興味を持つ美術館だからＳＮＳが効くのか。ここはさらに分析が必要ですが、いずれにしても森美術館ではこの**「来てくれる層」にターゲットを定めて、プロモーションを行っています。**これは森美術館の特徴のひとつです。

他の美術館では、反対の現象も見られます。先ほどの「入場者数ランキング」で４位の「ゴッホ展」を開催した東京都美術館や、国宝の展示などで知られる東京国立博物館の場合、来館者の中心は50〜60代以上と、比較的高い年齢層の方が多いといわれています。

いわゆる「アクティブシニア」と呼ばれる方たちが、平日に美術館を訪れ、友人と美術鑑賞を楽しんでいます。森美術館の担当からすると、大変うらやましい現象です。この層にぜひ、森美術館に来ていただきたいと思っていますが、現実はなかなか難しい。

森美術館にこの層がなかなか足を運ばない要因は、「現代アート」というコンテンツの難しさもありますが、シニア世代のスマートフォンの普及率や、SNSの利用率も関係しているのではないかと思います。

それでも最近では、シニア層にもスマートフォンが普及しつつあり、当たり前のようにSNSを使いこなす「アクティブシニア」が徐々に増えてきています。この流れが続けば、今後は森美術館にもチャンスがやってくるかもしれません。

しかし現状では、シニア層の心に刺さる手を打てていません。これからは展覧会の告知だけでなく、世代を超えた現代アートファン、森美術館ファンを作っていくこと。つまり「集客」ではなく、コツコツとファンを作っていくことも、SNS運用の役割のひとつだと考えています。

「インスタ映え」を狙っているわけではない

こうした話をすると、「森美術館は、いつも若い人を狙って『インスタ映え』する展覧会を企画していますよね」と言われることがあるのですが、決してそうではありません。

展覧会の企画を立てるのは、私ではありません。キュレーターが調査と研究を重ね、展覧会によっては3年以上もかけて企画を練っていきます。展示内容はまさに、その調査と研究の結晶なのです。

「国際性・時代性」を踏まえ、東京のみならずアジアの現代アートの重要な拠点である森美術館ならではの方針があります。

もちろん展覧会の企画が進む過程で、いわゆる「インスタ映えする作品」もラインナップに上がります。しかしこれは、私が考えているようなマーケティング的思考での「映え」ではなく、キュレーションの文脈において必然性がある「重要な作品」、つまり「映える作品」として展示されています。

つまり、企画の芯の部分においては、「インスタ映え」のようなマーケティング的要素は盛り込まれていないということです。

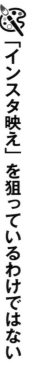

これは一般企業、特にメーカーをはじめとした商品開発などとは異なり、クリエイティブとマーケティングが分断されている状況ともいえます。しかし美術館においては、むしろこの**分断されているスキームが正しい**と思っています。

美術館で開催される展覧会は、興行やエンターテインメントとは異なります。マーケティング担当らしくない個人的な意見ですが、たくさん人を集めようとか、若者をターゲットにしようとか、「インスタ映え」するものをやろうとか、そうした色気はできるだけないほうがいいと思っています。

現代アートの美術館は、この時代、この場所で扱うべき作品を、洗練したキュレーションを通して見せることに価値があります。だからこそ、多くの人を感動させ、時には社会を動かすような展覧会ができると思うのです。

しかし、どれだけ質の高い展覧会を開催しても、誰かに見てもらわなければ何の意味もありません。アーティストやキュレーターなど、多くの関係者が作り上げた世界を、どうすれば見てもらえるか。見てもらいたい人たちに、どうすれば来てもらえるか。それを考えるのが、美術館のマーケティングの仕事であり、腕の見せどころです。

少々話がズレますが、同じことは一般的なビジネスにもいえそうです。「20代の女性にウケそうなお店」とか、「ＳＮＳで話題になりそうな商品」といったように、最初からマーケティングばかり意識していると、誰の心にも刺さらないものになるか、あるいは一過性の流行で終わってしまう。

本当に自分が作りたいものは何か。いま、この場所で、どんなことを表現したいのか。なぜこれを世に出したいのか。なぜこれを食べてもらいたいのか。こうしたことを追求するのが先にあるべきです。

真剣なモノ作りや、表現の世界においては、マーケティングはあとから考えるほうが結果的によいものになると感じることがよくあります。もちろん、そもそもの方向性だけは間違ってはいけないので、そのサービスや製品の必要性を十分に検討することは必要です。しかし、**もともとのコンテンツを最大限に活かすほうが、マーケティング的にも効果を発揮することができる**のです。

「撮影ＯＫ」が「入場者数ランキング」に及ぼしたもの

森美術館の強みは、**展覧会での写真撮影をＯＫにしていること**です。現状、すべての展覧会で「撮影ＯＫ」にできてはいませんが、常に実現する努力をしています。

前述の「レアンドロ・エルリッヒ展」が「入場者数ランキング」1位を獲得したのは、作品の力、つまり展覧会そのものの魅力のおかげです。しかし、その魅力を事前に多くの人に知ってもらい、展覧会に行きたいと思ってもらえるきっかけになったのは、SNSによる情報の拡散でした。

ただ、みなさんにも経験があるかもしれませんが、SNSに投稿した情報は黙っていては拡散してはくれません。何かしらの仕掛けや工夫をしなければ、いつまで経っても火はつかないのです。

そこで拡散の「エンジン」になるのが、美術館内での撮影をOKにする試みです。来館者にどんどん写真を撮ってもらって、SNSにアップしてもらうのです。

森美術館が「撮影OK」の試みを始めたのは、2009年に開催した「アイ・ウェイウェイ展」からです。彼の個展以来、森美術館で開催する展覧会では「撮影OK」を実現する努力を続けています。

「レアンドロ・エルリッヒ展」では、アーティストの理解もあり、すべての作品を「写真撮影OK」「動画撮影OK」にすることができました。おかげで、【口絵写真1】のようなインパクトあるものがSNS上に大量に拡散され、61万人もの集客につながったのです。

この不思議な写真、どうやって撮ったのかと聞かれることがよくあります。種明かしをすると、実は建物の壁面は床に設置されています。写真に写っている人は、みんな床に横たわっている状態なのです。

頭上には、大きな鏡が一定の角度で設置されています。その鏡に向かって写真を撮ると、あたかも自分が建物にぶら下がっているかのような写真ができ上がるのです。展覧会のコンセプトは「見ることのリアル」。目で見ていることは果たして現実なのか、レアンドロ・エルリッッヒの作品を通して問いかけているわけです。

従来の美術館のイメージといえば、静まり返った部屋で、額に入っている作品を黙って鑑賞するというのが一般的でした。美術館というだけで、ちょっと敷居が高いイメージがついて回ります。

しかし現代アートの場合、作品の中に入って一緒になって楽しむことができる。鑑賞者が参加することで、作品が完成するわけです。この「レアンドロ・エルリッッヒ展」の会場風景は、現代アートの展覧会だからこそ実現したといってよいと思います。

この《建物》というタイトルの作品は、来館者がワイワイ言いながら中に入り、どんなポーズをとったら面白い写真になるかと盛り上がっていました。毎日大量にアップされていく作品の写真をインスタグラムで見ていて、まるでプレスプレビューを毎日実施しているように感じました。

プレスプレビューとは、展覧会の開幕前にマスメディアにお披露目をすることです。ここで取材をしてもらい、記事を書いてもらうことで、各社の媒体から展覧会の情報が発信されていきます。「記者向け内覧会」とも呼ばれ、多くの美術館が行っている恒例行事です。

そのためメディアに流れる情報は、開幕のタイミングに集中しがちです。しかし、「レアンドロ・エルリッヒ展」は、会期を通じてずっとプレスプレビューを行っているような状態でした。展覧会の情報が、常に来館者から発信され続けている状態だったのです。

インスタグラムに投稿されている写真は、メディアの記事のような、プロのカメラマンが撮った写真ではありません。プロの記者が書いた、整った文章でもありません。スマートフォンで撮った写真であり、スマートフォンで打ち込んだ文章です。しかし、来館者の「生の声」こそが、SNS時代においては心を動かす価値のある情報なのです。

もちろん、メディアからの情報は「広く認知を得る」という面で強力なインパクトを持っています。テレビはその最たる媒体で、番組で取り上げてもらえるかどうかで、動員に目に見える変化が起こります。ウェブサイトやネットニュースも同様に、信用される情報源として欠かせないメディアです。

しかし、この展覧会で経験したのは、**情報のその先にある「感動」が人を動かす**ということでした。人を動かす感動の声が、会期終了まで毎日発信され、拡散されるのを目の当たりにし、私も「展覧会を通じて、すごい現象がここで起こっているんだ」と感動しました。

みんなが作品の一部になって、心の底から楽しんでいた《建物》という作品は、「レアンドロ・エルリッヒ展」のメインビジュアルであると同時に、来館者の人気を最も集めた作品になりました。

人気の理由は、視覚的なわかりやすさや、作品の中に入れること、自分がその一部になって作品が完成する面白さなどが挙げられますが、なんといっても「写真を撮りたくなってしまう」「SNSでシェアしたくなってしまう」心理が自然発生したことが大きな理由だと考えています。

インパクトのある作品、美術館の「撮影OK」、来館者が思わず写真を撮りたくなってしまう心理、そしてSNSというツール。

この掛け算が「入場者数ランキング」1位という結果をもたらしたのです。どれかひとつでも欠けていたら、ここまで話題にはならなかったでしょう。

ただし、先ほど述べたように、バズ（口コミによる評判）を狙って作品を展示しているわけではありません。

もちろん作品の解釈は鑑賞者の自由ですが、「日常においてわたしたちがいかに無意識のうちに惰性や習慣で行動しているか」、そして「いかに常識や既成概念にとらわれて凝り固まった見方をしているか」ということに気づき、現実を問い直すきっかけとなれば嬉しいことだとレアンドロは語っています。

失敗から学んだ「ハッシュタグ」の正しい使い方

このメッセージをより多くの人に体感してもらうために、他にもさまざまな施策を行いました。**「ハッシュタグ」の活用**もそのひとつです。

まず美術館の入口の目立つところに、「#レアンドロエルリッヒ展」というハッシュタグを掲出し、ＳＮＳへの投稿を促すとともに、投稿がこのハッシュタグに集まるよう誘導しました。

なぜなら、インスタグラムやツイッターのユーザーは、「ハッシュタグ検索」を行うからです。「レアンドロ・エルリッヒ展」に興味を持ったユーザーは、グーグルで「レアンドロ・エルリッヒ展」と検索するよりも先に、インスタグラムで「#レアンドロエルリッ

ハッシュタグの比較

美術館の入口の目立つところに、「#レアンドロエルリッヒ展」というハッシュタグを掲出し、SNSへの投稿を促した

ヒ展」と検索することが多いのです。

　そのときに、先ほどの不思議な写真がずらりと出てきたら、「自分も撮ってみたい！」「実際に足を運んでみたい！」と思うのではないでしょうか。いまやハッシュタグは検索において、なくてはならないものなのです。

　実はこの話にはひとつ失敗談があります。展覧会の開幕当初は「＃レアンドロ展」を公式ハッシュタグにしていました。「＃レアンドロエルリッヒ展」では、スマートフォンで打つには長すぎると判断し、短縮したハッシュタグにしたのです。

　しかしふたを開けてみると、みん

な「#レアンドロエルリッヒ展」と、そのままタイトルを入れてくれるのです。開幕して数日で、こちらのほうが断然多くなってしまい、公式ハッシュタグのほうを「#レアンドロエルリッヒ展」に変更しました。

現時点で「#レアンドロエルリッヒ展」は3万件以上、対して「#レアンドロ展」は300件にも及びません。なんとその差、100倍以上です。

これは、「レアンドロ・エルリッヒ展」だけに起きた現象ではありません。「建築の日本展」でも、「#建築の日本展その遺伝子のもたらすもの」というサブタイトル入りのハッシュタグが生まれました。「サンシャワー展」でも同様に、「#サンシャワー東南アジアの現代美術展」という長いハッシュタグが多く投稿されました。

投稿する側の気持ちになってみると、確かに美術館側の理屈で作られた短縮したハッシュタグより、正式名称のハッシュタグで投稿したいのかもしれません。ハッシュタグの長さなどまったく関係なく、きちんと正確に発信したい気持ちを汲みとらねばいけないのだと、このときに感じました。

公式ハッシュタグは長さに関係なく、正式名称にすること。ちょっとしたことですが、投稿する側とのコミュニケーションを大きく左右するポイントです。

ハッシュタグといえば、こんな仕掛けも行いました。「レアンドロ・エルリッヒ展」の会期末に、あるハッシュタグを実験的に作ったのです。

それは「#レアンドロエルリッヒ展は4月1日まで」。本来、美術館が伝えるべき会期終了日を、お客さんにやってもらおうという作戦です。

このハッシュタグをつけて投稿してくれた人には、抽選でアーティスト直筆のサイン入りカタログをプレゼントするキャンペーンも行いました。おかげさまで300名以上の方にご応募いただき、「#レアンドロエルリッヒ展は4月1日まで」のハッシュタグはどんどん拡散していきました。

ただし、こうしたキャンペーンは、やりすぎるとユーザーの反感を招く場合があります。後ほど具体例を挙げて説明しますが、アカウントのバランス感覚が問われますので注意したいところです。

このキャンペーンがどこまで功を奏したのかはわかりませんが、事実、会期末に近づけば近づくほど来館者は増え続けました。この最後の粘りが、来館者61万人以上という嬉しい結果に結びついたのかもしれません。

前代未聞の試み「プール割り」の効果

みなさんはそもそも、レアンドロ・エルリッヒというアーティストをご存じでしたか？現代アートが好きな方、少しアートに詳しい方なら知っている名前かもしれません。実は私自身、この展覧会に関わるまでは、レアンドロ・エルリッヒという名前を聞いたことがあったものの、どんなアーティストなのかほとんど理解していませんでした。

どのような作品を作っているアーティストなのか知らなかった、という反省を活かして、一人でも多くの人に、彼の名前と作品を認知してもらうにはどうしたらよいだろうかと考えました。そこで生まれたのが、前代未聞の「プール割り」という企画です。

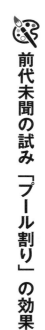

レアンドロ・エルリッヒという名前を聞いたことがなくても、【口絵写真2】を見れば、「ああ、これを作った人なのね」とおわかりになる人もいるでしょう。石川県金沢市にある現代美術館、金沢21世紀美術館で常設展示されている、《スイミング・プール》という体験型のインスタレーション作品です。

まるで人が水中にいるかのようですが、種明かしをすると、透明のガラスの上に水が張られており、水面の下には別の入口から入ることができる仕組みになっています。外側からと内側から、両方で楽しめる作品となっています。

この作品もまた「写真映え」することで、すでにインスタグラムを中心に話題を集めていました。


これから森美術館で開催される展覧会が、あの有名な《スイミング・プール》のアーティストの個展であることを、わかりやすく情報拡散するにはどうしたらよいか。悩んだ末、思いついたのが、前代未聞ともいえる**「プール割り」キャンペーン**だったのです。

キャンペーン内容を説明すると、《スイミング・プール》の写真を森美術館のチケット売り場で提示すると、森美術館の入館料が割引になるというシステムです。文字にするとちょっと地味ですが、別の美術館で撮った作品の写真を、森美術館で提示することで割引になるというのがポイントです。

そして一番のポイントは、金沢21世紀美術館にある、あの《スイミング・プール》のアーティストが「レアンドロ・エルリッヒ」であることを、この割引で再認知させることでした。金沢の《スイミング・プール》のアーティストの個展であることを広めたかったのです。

このキャンペーンによって、金沢21世紀美術館で《スイミング・プール》を体験した人や、《スイミング・プール》を知っていた人が、「あのプールの人の展覧会なら面白そう」と思って来館してくれる流れを作ることができたと思っています。

逆に、森美術館の展示をきっかけに、《スイミング・プール》を体験しに金沢を訪れた人も大勢いたことでしょう。

もちろん、このキャンペーンを実施するにあたっては、金沢21世紀美術館の承諾をとりつけました。幸いなことに企画趣旨をご理解くださり、スムーズに実施することができました。

またキャンペーンを通じて、SNS上で美術館どうしが相互につぶやくことができたのは、素晴らしい経験になりました。なんと「プール割り」を、金沢21世紀美術館の「中の人」が体験しに来てくださったのです。この「プール割り体験」を金沢21世紀美術館の公式SNSがつぶやき、森美術館もコメントつきで返信する。そしてお互いにリツイートし合う。

ちょっとお堅いイメージのある美術館のSNSアカウントどうしが、このように共通のアーティストを通じて投稿し合うのはとても珍しいことです。

森美術館のツイッターアカウントは、当時15万人以上のフォロワーがいたので、双方のやりとりで、何十万人という人が《スイミング・プール》の情報を目にすることになったでしょう。

このようなアイデアをすぐに実行できるフットワークは、森美術館ならではの強みかもしれません。森美術館は、森ビルという企業が運営する私立美術館なので、会社組織の調整と稟議を経て、ものごとを進めることになりますが、その意思決定はスピーディです。「これはいける」と思った企画はすぐに上申して、次々とプロモーションを打つことができます。「プール割り」も、こうした環境だからこそ誕生したのです。

「eスポーツ」で学んだ見えない相手への意識

話が少し脱線しますが、私は中学生の頃、当時、流行していた対戦型の格闘ゲームに熱中していた時期がありました。やり込みの度がすぎて、地域で勝ち抜き、気がついたら全国大会に出場していた経験を持っています。いまでいうところのeスポーツです。

対戦型の格闘ゲームをやったことのある人ならおわかりかと思いますが、一定レベル以上の実力を持つ者どうしが対戦した場合、技を繰り出すテクニックというよりも、独特の呼吸感、わかりやすくいえば「タイミング」のほうが重要になってきます。そんな局面で勝つには、モニター越しで相手の心理を数手先まで読むことが必要になります。

実は画面を通して顔が見えない相手の心理を読むことは、SNSとeスポーツでかなり共通している部分があると感じています。テキストの作り方、ツイッターのトレンドに上がっているハッシュタグを使うタイミング、複数枚の画像の順序など、そのつどユーザーの心理を読み、反応を想像して手を尽くした投稿をする。それがゲームでいうところの「連続技（コンボ）が決まる」ような、強い反応を引き出すことにつながります。

森美術館のツイッターアカウントは現在、約17万人にフォローいただいていますが、気を抜くと17万人が1つのかたまりのように見えてしまうときがあります。相手を意識できていない状態です。この状態では、あまりうまくいかないような気がします。壇上から大勢に向けてメガホンで話すような気持ちで投稿していると、どんな言葉も伝わらない「冷たいアカウント」になってしまいます。せっかくフォローしてくれたユーザーの気持ちも離れていくでしょう。

パソコンやスマートフォンの画面の向こう側には、血の通った人がいます。17万人というかたまりが、1つあるのではありません。「一対一の関係」が17万あると考えるべきだということです。

「どうすればフォロワーが増えますか？」という相談を受けることも多いのですが、まずみなさんにお伝えするのはこのことです。SNSは一対一の関係であることを意識し、画面の向こうにいるユーザーと仲良くなること。わかりやすくいえば、**家族や友だちに話しかけるときと同じ気持ちで投稿を考える。**それが、自分のアカウントを愛されるアカウントに変える、基本的なマインドです。

フォロワーを増やす新しいテクニックが現れては消えていきますが、このマインドはどのSNSにも共通する、普遍的なものだと思っています。なぜなら、相手はすべて人だからです。

フォロワーを一人ひとりの人間であると認識すれば、相手を尊重することができます。こちらの都合を押しつけない柔軟性、ユーザー側に立っている姿勢が、SNS運用においては重要になります。

こちらのマインドがSNSを通じて相手に伝わったときに、アカウントの信頼を得ることになり、ブランディングにつながっていくのです。

ここまで「レアンドロ・エルリッヒ展」を例に、森美術館が行っているSNSへの取り組みのほんの一部を紹介してきました。次章からは、さらに具体的な運用術や、変化のさなかにある美術館の最新潮流についてお伝えしていきたいと思います。

第1章

「撮影OK」の波がアートを変える

「文化や芸術は、経済より上にあるべきもの」

本章のはじめに、森美術館について、少しお話をさせてください。

森美術館は、東京・六本木の「六本木ヒルズ 森タワー」最上層にある現代アートの美術館です。展示面積は1500平方メートル。年間2・5回のペースで自主開催の企画展を開催しています。開館は、2003年10月。2018年で、15周年を迎えました。

当館は、森ビル株式会社が運営する企業美術館です。都市開発のデベロッパーである森ビルが、なぜ美術館を作ったのか？　そんな質問をいただくことがあります。

始まりは、森ビルの2代目社長である森稔が、六本木ヒルズの都市再開発事業の中心に文化施設を据えるという構想をしたことです。その構想を誰にでもわかる形で視覚化しようという思いで、現代アートの美術館を森タワーの最上層に設置しました。

森美術館の創設者である森稔は、都市において人やモノ、資金を引き寄せる力を「磁力」と呼びました。東京の再開発プロジェクトを考える中で、その都市に欠かせない要素として文化の大切さを理解していました。

▶世界の都市総合力ランキング

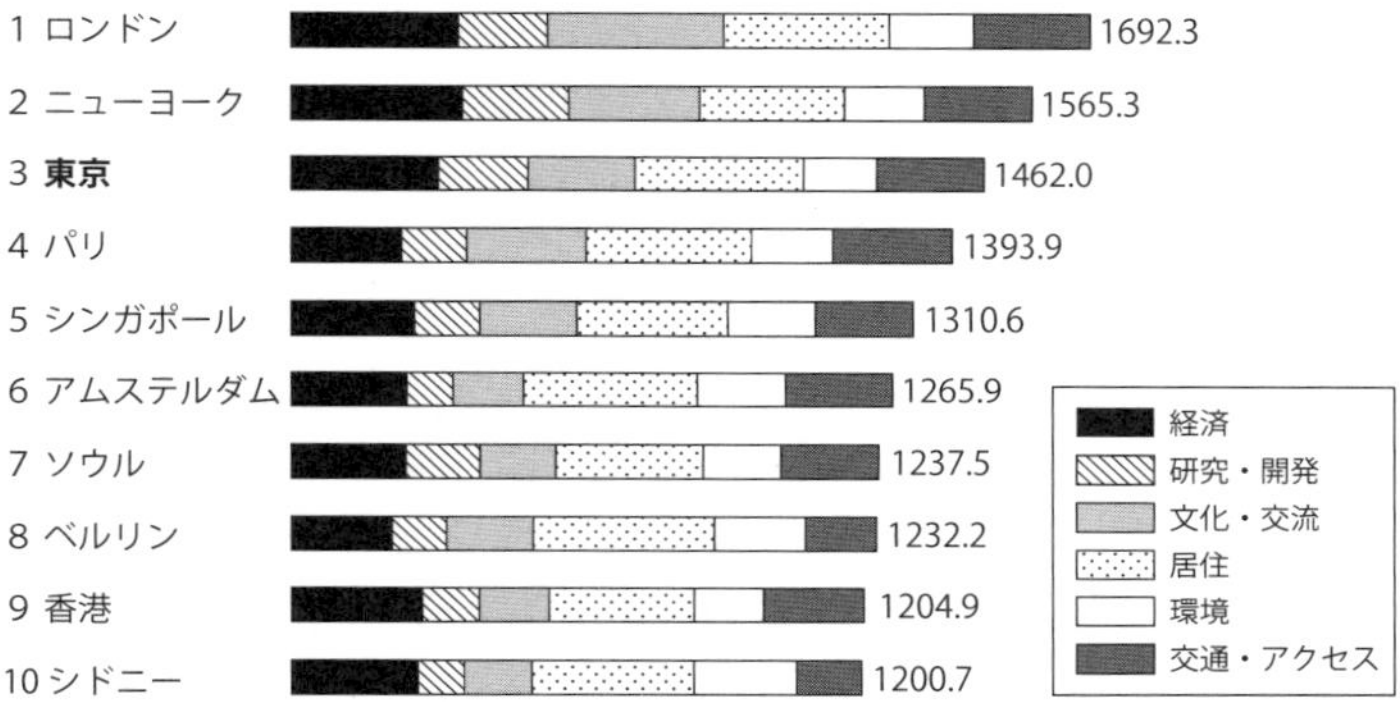

出典：森記念財団都市戦略研究所『Global Power City Index 2018』
URL http://www.mori-m-foundation.or.jp/pdf/GPCI2018_summary.pdf

森ビルのシンクタンクである森記念財団都市戦略研究所が毎年発表している「世界の都市総合力ランキング」という指標では、2018年は、ロンドン、ニューヨークに次いで、東京は3位となっています。このランキングは毎年発表されているもので、「経済」「交通・アクセス」「環境」「研究・開発」「居住」「文化・交流」の6つの項目で都市のスコアが計算されます。このスコアの中にも「文化」があり、都市の力の重要な要素となっています。

いまは国家間の競争だけでなく、都市間競争の時代といわれています。アジア各国の都市が経済成長とともに急速にそのポテンシャルを上げていく中で、東京という都市の磁力をどのように高めていくか。その要素として

森美術館のエントランス

「文化」はとても重要なのです。

　こうして六本木ヒルズ森タワー最上層の53階に、森美術館が完成しました。

　オフィスビルでは、上のフロアほど賃料が高くなる傾向があります。収益性を考えれば、上層階はオフィスとして賃貸事業のフロアにすることを想定します。しかし森稔は、再開発のシンボルであるタワーの最上層に美術館を作ることにこだわりました。

　文化・芸術の力で、六本木という街から、東京全体の磁力を上げていきたいとの思いがあったのです。中には収益性の問題で、高層階に美術館を設置することに反対する意見もありました。それでも森稔は、「文化・芸術は経済よりも上にあるべきものだ」と語り、文字通りタワーの最上層に森美術館を設置したのです。

　こうして六本木ヒルズは「文化都心」というコンセプトのもと、オープンしました。森稔は2012年に亡くなりましたが、「文化や芸術は、経済より上にあるべきもの」

という理念は現在も継承されています。後ほどお話ししますが、実はこの理念はＳＮＳそのものにも共通する大切なキーワードです。

文化の発信では、年に1回「六本木アートナイト」という街を舞台にしたアートイベントを開催しています（【口絵写真3】）。六本木の街に、現代アート、デザイン、音楽、映像、パフォーマンスなど多様な作品を集めた、一夜限りのアートの祭典です。

六本木の美術館だけでなく、街全体が文化発信拠点となって、毎年数十万人を集めています。ちなみに私は、このイベントのＳＮＳ運用も担当させていただいています。

２０１８年には、お台場に「森ビル デジタルアート ミュージアム：エプソン チームラボ ボーダレス」をオープンしました（【口絵写真4】）。圧倒的な没入感とインタラクティブな映像が体験できるミュージアムです。開館当初から話題になり、オープンして5カ月で１００万人の来館者を集める人気の施設になりました。

もちろん館内の作品は、写真も動画も撮影可能です。一般の来館者に交ざって訪れた海外の有名なセレブリティが、当館の展示をインスタグラムで次々と発信していることもあり、日本だけでなく、海外からも大いに注目を集めています。

このように、文化施策で都市の磁力を上げていく森ビルの事業はさらに加速しています。

「中の人」は接客の最前線

現在、私が在籍している森美術館は、森ビルという企業の部署のひとつです。その中のマーケティンググループに所属しているわけですが、企業ですからもちろん人事異動もあります。私自身、現在とは異なる業務をいくつか経験してきました。

私はこれまで、森ビルの施設の顧客対応や、広報や企画の仕事を、それぞれ数年間ずつ担当してきました。これらの経験が、いまのSNSの仕事に本当に役に立っています。

SNSはインターネットを介した、相手の顔が見えないコミュニケーションですが、先ほど述べた通り、画面の向こうには一人ひとりのユーザーがいます。ある意味では最前線の接客業ともいえるのです。

ですから、**その企業の現場をよくわかっている人がSNSを運用したほうがよい**と、私は考えています。お客さんの気持ちがわからないと、一方的な投稿をしてしまったり、最悪「炎上」したりと、思わぬトラブルになる可能性もあります。顧客対応のスキルはSNSで活かせるのです。

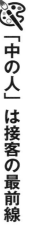

もし、企業や組織でＳＮＳ担当者の人選に困ったときは、どんな業種であろうと、普段から現場でお客さんと接している人、あるいは接した経験とノウハウを持っている人をＳＮＳ担当者にしてみるとよいかもしれません。「デジタルに強そうだから」とか、「ＳＮＳが好きと言っていたから」といった理由で選ぶと、そのあとが大変です。

逆に、お客さんと接する経験がないままＳＮＳ担当者になってしまった人は、アンテナを磨く意味でも、**できるだけ現場に立つよう心がけたほうがいい**と思います。お客さんが何を求めているのか、どんなことに困っているのか、肌でわかる感覚を養っておく。

結果として、何を投稿すればよいのか、どう見せればお客さんの心を動かすのかも、自然とわかってくるはずです。

「撮影ＯＫ」に挑戦し続ける森美術館

イントロダクションで、美術館内のカメラ撮影をＯＫにしたことが、お客さんの来館につながったというお話をしました。

もともと森美術館には、「『アート&ライフ』をモットーに生活の中のあらゆる場面でアートを楽しむことができる豊かな社会の実現」というミッションがあります。そのような素地があるので、新しい価値を生み出していくこと、新しい試みに積極的にチャレンジしていくことをよしとする雰囲気や、新しいものを吸収していく環境があるのです。その点でいえば、撮影可能を実現してきたことは、実に森美術館らしい試みだと思っています。

この試みがあるからこそ、現在の来館者と美術館がＳＮＳでつながるきっかけになり、情報発信の好循環につながっていくわけです。

ただ、撮影を解禁した２００９年当時は、ちょうどツイッターのインターフェイスが日本語対応になってから、あまり時間が経っていない時期でした。ＳＮＳという言葉も、いまほど使われていなかったと思います。当然、インスタグラムも世に出ていません。

そもそもスマートフォンの所持率もまだそこまで高くありませんでした。そうした状況の中で撮影の解禁に踏み切ったのは、当時ブログで個人が情報発信をするようになってきた背景から、その口コミ効果を狙って、マーケティング戦略のひとつとして解禁した背景と、まだ敷居が高い現代美術の鑑賞にプラスアルファの付加価値を提案したい、という理由からでした。ユーザーがさまざまな場所で写真や動画を撮って、ＳＮＳで発信する文化は、この数年後から活発になっていきますので、森美術館の撮影解禁は先駆的な挑戦だったと思います。

もちろん、「撮影可能な美術館」として議論されることも、この施策を行う意味につながる大切な要因です。

とはいえ美術館側に、撮影可能な展示空間を来館者に提供したい、という気持ちがあっても、著作権の問題が立ちはだかります。展覧会や作品によって、撮影が可能にならない場合もあります。

しかし、ＳＮＳがここまで広がる前から「撮影できる美術館」を実現させようと努力してきた森美術館の姿勢が理解され、方々に広がりを見せている最近の事情は嬉しいことです。

アメリカの美術館では、撮影が許され、展示室内で寝転がって写生を楽しむ子どもたちがいるなど、公正利用の範囲であれば著作権侵害にはあたらないとしているところが多くあります。それに対して日本は、著作権法に公正利用に関する規程がないことからもわかるように、公正利用に対する理解はまだまだなのかもしれません。

森美術館の試みが、どこまでこの問題に一石を投じることができるかわかりません。ですが、アートを生活の中にも広げていきたいという思いや、著作権を考える機会を、もっと提供できればと考えています。

最近では、アーティスト自身もSNSを活発にやっていることが多くなりました。アーティストがSNSの重要性を理解しているので、撮影OKに抵抗がなく、こちらの意図をご理解いただけることが多くなったのです。

むしろ、森美術館公式アカウントからもっとアップしてほしい、という要望をいただくこともあります。このようにアーティストと相談ができるのは、現代アートならではの事情です。

森美術館では、展覧会の作品の出展に関する契約の確認に合わせて、写真撮影の可否を確認しています。

最近はインスタグラムの「ストーリーズ」の普及に合わせて、写真だけでなく、動画撮影についても確認をとることが多くなってきました。

このように、一点一点の作品ごとに許諾を得ていくには、丁寧な交渉が必要です。「レアンドロ・エルリッヒ展」のような個展であれば、一人のアーティストから承諾を得ることができれば、全作品、撮影OKになりやすい。しかし、参加アーティストが多数いるグループ展の場合や、著作権管理団体に所属しているアーティストがいるケースなど、足並みをそろえるのが難しいこともあります。

▶**表記例**

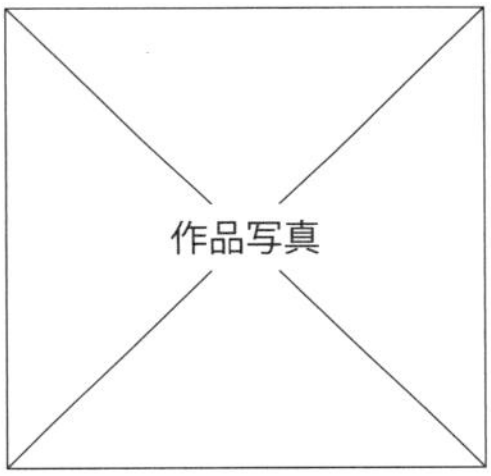

作家名／作品名：○○○○《○○○○○○○○○》
この写真は「クリエイティブ・コモンズ表示 -非営利- 改変禁止 2.1 日本」ライセンスでライセンスされています。

森美術館では、できるだけみなさんに自由に撮影を楽しんでもらいたいのですが、無断の商用利用を防ぐためにルールを定めています。それが、「**クリエイティブ・コモンズ（CC）**」です。

クリエイティブ・コモンズは、「ここまでは自由に撮影していいですよ」という意思表示をするための、国際的な著作権ルールです。たとえば「カタストロフと美術のちから展」では、上記のようにルールを決め、入口に掲示しました。

クリエイティブ・コモンズの枠組みを使えば、細かいルールを作ることが可能です。

作品は、アーティストが生み出したものです。作品を守りながら、みんなでアートを楽しんで、アーティスト本人からも、来館者からも、美術館からも発信していくことができれば最高です。

大切なのは撮影・投稿を促すムード作り

美術館はそもそも撮影禁止、私語禁止。そう思われている方も多いでしょう。現にそのような美術館が多くあります。これが悪いというわけではありません。逆に森美術館が撮影可能な美術館を続けていくためにも、撮影ＯＫであることを何度も何度も伝えていく必要があると思っています。

森美術館では、次ページのようなお知らせを館内の目立つところに掲示しています。左のデザインは、以前使っていたものです。インスタグラム、フェイスブック、ツイッターのロゴを見せることで、撮影ＯＫだけでなく、ＳＮＳに投稿するのもＯＫ、ということが直感でわかるようにしています。

最近は、右のデザインを使っています。フェイスブックとツイッターのロゴは思い切ってはずし、インスタグラムのロゴを大きくしました。毎回、このような実験を重ね、動向を調べています。このデザイン変更は、「インスタグラム＝写真」というイメージが定着しているのではないかという想定から、このほうがより撮影ＯＫであることが伝わるのと、単純にインスタグラムのロゴの視認性が高いと思ったからです。

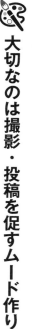

写真撮影可であることを館内の目立つ場所に掲示

ハッシュタグも大きくし、ＳＮＳに投稿してくださいね、というメッセージがより伝わるようにしました。その代わり「撮影して、シェア！」というキャッチコピーは小さくし、「ＳＮＳで展覧会の様子をシェアしませんか？」という説明に至っては、思い切って削除しています。以前のデザインのときは、「撮影した写真をＳＮＳに投稿してもいいですか？」という質問が来館したお客さんからたびたびありましたが、右のデザインにしてからはそのようなお問い合わせが減りました。

ＳＮＳの運用を通して学んだことのひとつですが、投稿のテキストはなかなか読んでもらえません。ＳＮＳの投稿は、**目に飛**

森美術館では館内にWi-Fiを設置している

び込んだ一瞬のインパクトで判断されることが多いのです。私はこうした掲示サインも、ＳＮＳと同様、見た瞬間の「秒」で決まると考えています。

　こちらが伝えたいことを、目に飛び込ませる。そして、一瞬で理解してもらえるようにする。そのためにはどうしたらよいか、何百パターンも実験を繰り返しています。

　また、館内にフリーのＷｉ-Ｆｉを設置し、そのことも定期的に来館者にお知らせするようにしています。実際は、会場でＳＮＳに投稿する人はあまりいません。美術館を出てから投稿されるので、このＷｉ-Ｆｉを使ってその場でアップされている人は多くないと思います。

　しかし、Ｗｉ-Ｆｉがあることで、ＳＮＳに投稿しやすいイメージを作ることができます。このように、さまざまなやり方で美術館側の姿勢を醸成させていくことが重要だと思っています。

フォロワー数より大切な「エンゲージメント率」

さて、ここでＳＮＳのフォロワー数にも目を向けてみましょう。

次ページの表をご覧いただくとわかるように、フェイスブック、インスタグラムのそれぞれのフォロワー数のトータルで、森美術館が約40万８４８人と、トータルで日本で最もフォロワー数の多い美術館となります。

もちろん、重複しているフォロワーもいると思いますが、たくさんの方にフォローしてもらっているのは、大変ありがたいことです。フォロワー数は、そのアカウントの発信力・影響力の指標にもなる重要な数値です。

ただ、そこに目を奪われてはいけないとも思っています。大事なのは、「いいね」や「リツイート」がどれだけあったか。いわゆる「**エンゲージメント率**」です。

エンゲージメント率は、その投稿にどれだけ積極的な反応があったかを示す数値です。たとえばツイッターを例に挙げると、「リツイート数」「いいね数」「画像のクリック数」「プロフィールのクリック数」「リンクのクリック数」など、その投稿に何かしらの行動をとった数を合算した数値を、インプレッション（その投稿の表示回数）で割った数が「エン

▶主な美術館のSNSのフォロワー数（2019年5月10日現在）

	Instagram	Twitter	Facebook	計
森美術館	12万26	17万3,854	12万782	41万4,662
東京都美術館	―	16万2,745	2万2,261	18万5,006
国立西洋美術館	―	1万573	2万8,184	3万8,757
国立新美術館	4万3,250	25万690	3万2,830	32万6,770
金沢21世紀美術館	―	3万6,728	1,895	3万8,623
横浜美術館	―	14万1,279	8,258	14万9,537
根津美術館	―	3万1,398	3万5,846	6万7,244
サントリー美術館	―	9万6,868	―	9万6,868
東京都庭園美術館	1万5,402	11万4,030	2万1,775	15万1,207
上野の森美術館	―	2万573	4,341	2万4,914

ゲージメント率」になります。つまり、全体の閲覧された数の中から、どれほどその投稿に興味を持ってもらえたのかを示す数字です。

一般的なツイッターのエンゲージメント率は、フォロワー数の規模にもよりますが、森美術館と同規模のアカウントであれば、おおよそ1〜2パーセント。3パーセントを超えてくると、内容がよいアクティブなアカウントとみなされることが多いようです。森美術館のアカウントは、おかげさまで投稿によっては5パーセント以上の成績を出すこともある、かなりアクティブなアカウントになっています。

一方、フォロワー数に反比例して、エンゲージメント率が低いアカウントもあります。そうしたSNSアカウントのほとんどは、情報収集用としてフォローされていることが多いと考えています。

たとえば、展覧会のアカウントでは、混雑状況やグッズの入荷情報などを常に投稿しているアカウントがあります。

人気のある展覧会は、週末や会期後半となると入館までの行列ができ、タイミングによっては数時間待ちということも珍しくありません。

少しでも混雑を避けたい気持ちは誰しもありますから、リアルタイムで更新される混雑状況を目当てに、その美術展のアカウントをフォローします。このケースでは、美術館のファンというより、その情報を得るためにユーザーが集まったアカウントになりますから、どうしても反応が低くなりがちです。

このようなツイッターの使い方は、エンゲージメントとしてオモテには出てきません。ただ、ユーザーからしてみると、待ち時間などの必要なお知らせ投稿が、とても親切な情報として好感を持たれることもあるでしょう。

エンゲージメントが低くなるといえば、広告で獲得したフォロワーや、プレゼントキャンペーンなどで引きつけてフォロワーを増やしたアカウントです。もともとそのアカウントのファンではない、にわかファンの数が多くなり、結果、エンゲージメント率が低い「空洞アカウント」になってしまいます。

しかし、フォロワーを増やす広告を打つことで、初めて公式アカウントであることを知ったユーザーが熱心なファンになるとか、にわかファンから本気のファンにしていくということもできますから、いずれの施策も「中の人」の手腕が問われるわけです。

単にフォロワー数が多ければいいというわけではありません。肝心なのは、**どれだけアクティブなフォロワーを抱えているか。**数と質のバランスが大事というわけです。

もっともその逆もあります。私が兼任している、六本木ヒルズ展望台「東京シティビュー」のSNSアカウントです。

森美術館ほど、日々アクティブに投稿できていませんが、展望台から撮影した風景をSNSに投稿すると、ものすごく反応がよいのです。エンゲージメント率は、森美術館のアカウントよりも高い。ところがフォロワーはなかなか伸びません。

きれいな景色の写真はみなさんの反応がよくて、大量の「いいね」や「リツイート」をしてもらえます。しかし、「東京シティビュー」をフォローしてもらえているかとなると、そうでもない。定期的に数千リツイートされるような、いわゆる「バズ」もときどき起こしています。ですが、フォロワーになってもらえることに対して壁があるのです。

展望台と美術館では、まったくジャンルも異なるアカウントです。しかし、どうすれば展望台の投稿に「いいね」をつけてくれた人をファンにしていくかを考えることで、美術館のアカウントにも応用できるかもしれません。分析をしながら、解決していきたいと思っています。

求められているのは「面白い投稿」ではない

この見出しを見て、「なぜ？」と思われるかもしれません。

セミナーや講演で出会う企業の担当者から、いろいろ質問を受けますが、これがＳＮＳ運用の最重要テーマだと思っている人がどれだけ多いことか。確かに、自分が管理するアカウントを「発信力のある強いＳＮＳアカウント」にするには、毎日の投稿内容が大事です。しかしみなさん、そこでつまずいてしまうようです。

１つ目は、面白いネタがない、どんなことを投稿すればよいかわからない……。こうして投稿が止まってしまうパターン。

２つ目は、面白いと思って投稿したが、意外にもまったく反応を得られない、拡散されない、という悩みです。

改めて森美術館の投稿をご覧いただきたいのですが、「面白いこと」を言っているか、と聞かれれば、そこまで面白いことは言っていません。主な投稿内容は、展覧会と作品の紹介、イベントの情報、施設の情報など。ほとんどが基本的なことばかりです。

面白い投稿ネタなんて、簡単に転がっているものではありません。そのうえ「これは面白いだろう」と、ここぞとばかりに狙ったネタは、たいていユーザーに見抜かれて、反応もなく静かにスベります。あとから見直したときに、「異質な投稿」としてタイムラインに残るリスクが高い。もちろん、「中の人」に強力な笑いのセンスがある場合や、鉄の心臓があれば別ですが……。

それよりも私が心がけているのは、**「基本情報をきちんと伝えていくこと」**です。「こんなこと、投稿しても仕方ないかな」と躊躇《ちゅうちょ》するような些細《ささい》なことでも、きちんとSNS上に置いておく。

具体例を挙げると、毎週金曜日の夜に「週末のおでかけは森美術館へ」という投稿をしています。投稿の内容は、展覧会の基本情報やトレイラーです。文字通り、週末の「おでかけ」先を検討いただく際の、選考材料にしてもらうためのお知らせ投稿です。

そこでは展覧会の詳しい内容や、アーティスト情報などは入れていません。基本情報のみです。

また、集客のお知らせとは逆に、毎週火曜日の朝7時くらいに、「火曜日は17時で閉館です」という投稿をしています。通常は22時まで開館しているのですが、火曜だけはメンテナンスなどにより、17時で閉館してしまうからです（【口絵写真5】）。

これをきちんとやっている美術館は、多くはありません。たいていは公式サイトの営業時間の欄に書いているだけか、よくてもＳＮＳのプロフィール欄に書いているだけです。

中には「くどい」と感じるフォロワーもいるかもしれません。でも、17時で閉館ということを知らずに来館され、がっかりされるお客さんの顔を思い浮かべると、投稿しないといけないと思うのです。私は現場のお客さんと直接、向き合ってきた時間が長かったので、こうした発想になるのかもしれません。

同じことを何度も投稿するのは、ＳＮＳ担当者としては正直、こそばゆい部分もあります。同じことばかり言って手抜きの投稿だと思われたら嫌だなと、投稿のたびにちょっとした葛藤があるのは正直なところです。

もっと面白い投稿をしたいと思う気持ちは、担当として当然あります。

でも、そういう投稿をお客さんは必要としているのでしょうか？　面白い投稿、目立つ投稿は、担当者の自己満足的なものになってしまう気がするのです。

もっとそのアカウントから伝えるべきこと、ユーザーが欲している情報があるかもしれません。

また、基本情報を繰り返し投稿することについても、担当者からすると申し訳ない気もしますが、「タイムラインは流れるもの」という認識をしていれば、その投稿を初めて見るユーザーも大勢いると判断できます。

他にも、さまざまな企業のSNSアカウントをのぞいてみると、「投稿をバズらせたい」「かっこいいメイキングムービーを見せたい」「SNSで販促キャンペーンをしたい」といった、企業アカウント担当者の狙いがにじみ出ているケースをたくさん見かけます。しかし、きっと画面の向こうにいるお客さんは、そこまでそれを求めていない。タイムラプス動画（コマ送りのような早送りで撮影された動画）も、投稿する側の自己満足で投稿されているものを多く見ます。

森美術館でも、タイムラプス動画を投稿してみたことがありますが、残念ながら思っていたような反応は得られませんでした。この失敗は、認知を得るためにタイムラプス動画を公開したことが敗因につながったと分析しています。

たとえば、何かの過程をタイムラプス動画で撮って公開するときには、動画の対象がもともと認知を得ているものであれば、効果があると思います。

例を挙げると、有名な建築物が完成していく様子であったり、みんなが知っているキャラクターのイラストが旅客機に描かれて完成していく様子であったり。その対象自体を知っていれば、途中経過を楽しむことができるのです。

逆にまだ認知を得ていないものだと、最初から最後まで誰も知らないものが早送りになっているだけになります。これでは「何ができるか知らないものを見せられてもつらいし、最後まで見たけどそれもよくわからない……」という感想になるのも当然です。

つまり、先に知っているからその裏側を知りたくなるし、途中の過程も楽しめるという順序があるわけです。まだ知られていないものでタイムラプス動画を作っても、「仕上がっていく様子が面白い」と思っているのは実は関係者だけで、ユーザーはよくわからない、あまり興味を持ってくれない、ということになるのです。

では、どうやって認知を得ていけばよいのでしょうか？

それは、**画面の向こうにいるお客さんを想像し、彼らが本当に必要としている情報を淡々と投稿していく。**これだけです。「中の人」のキャラクターを作って面白くする必要はないと思っています。

あえていえば、必要なのは「**ユーザーに対する思いやり**」です。

ＳＮＳをやっている方は、改めて自分の投稿をチェックしてみてください。簡単そうで、意外とできていないアカウントがたくさんあります。

SNSの投稿は「川に短冊を流すようなもの」

SNSの投稿、特にツイッターは、たとえるなら「川に短冊を流すようなもの」だと理解しています。

流れた短冊を拾って読んでくれるのは、そのときたまたま川べりにいた人だけ。なかなか気がついてもらえずに、そのまま流れていってしまいます。だからこそ、必要なことはさまざまなタイミングで、「同じ内容の短冊」を何度も流す必要があると思っています。

私は展覧会の情報も、日にちを変えて何度も投稿します。たいてい週1回くらいでしょうか。それで反応が悪くなるかといったら、そんなことはありません。「いいね」もつくし、シェアもされます。

これまで繰り返し投稿したものはたくさんありますが、特に「写真撮影OK」のお知らせは、これ自体が珍しい試みなのでいろいろ工夫しています。そもそも美術館では写真を撮ってはいけない、という先入観がみなさんの頭にありますから、それをSNSを通じて

「写真撮影ＯＫ」に上書きしないといけない。刷り込むように、何度も、何度もお伝えしました。

見出しに「ご存じでしたか？」という目を惹くようなコピーをつけて、「え？　何だろう」と思わせたり、内容から見直したり、試行錯誤の連続です。本当にこの仕事は、毎日、数十万人と直接駆け引きをする仕事だと思います。

ちなみに、森美術館は海外からのお客さんも多いので、大事なお知らせや基本情報は、日本語と英語、バイリンガルの投稿になります。

繰り返しの投稿の例をもうひとつ挙げると、展覧会の会期末に「カウントダウン」の投稿をしています。「閉幕まで20日」「10日」「9日」「8日」……と毎日投稿していくのです（【口絵写真6】）。

これもまた、現場でお客さんと関わってきた経験から生まれた発想です。というのも、会期終了後にやって来るお客さんが、意外と多くいらっしゃるのです。

残念そうに帰っていくお客さんの後ろ姿を見送るのはとてもつらいもの。そういう方を一人でも減らしたい。そんな思いで、カウントダウン投稿を毎回、行っています。

また、展覧会はたいていい最終日が一番混雑します。カウントダウンをすることで、お客さんが最終日に集中しないよう、分散させる狙いもあります。ちなみに、美術館がすいているのは会期の序盤、中盤頃。ゆっくりご覧になりたい方は、できるだけ会期末を避け、早めにお越しいただくことをお勧めします。

基本情報を伝えていくことでは、**「自分は何者なのか」を発信していく**のも大切です。たとえば、そのときどきの話題を投稿している企業のツイッターアカウントを見ることがあります。それだけだと、タイムラインを見てもどんな企業なのか伝わりにくいし、どんなサービスをやっている企業なのか覚えてもらえません。人にそのアカウントをお勧めしたくても、基本的な情報の投稿がなければシェアしにくいのです。

実は森美術館も、以前は展覧会の関連情報についての投稿が続き、「そもそも、いま、森美術館が開催している展覧会はどんなものなのか？」をきちんと伝えきれていませんでした。でもあるとき、この「基本的すぎる基本情報」を投稿するようにしたら、シェアやリツイートが増え、結果的にフォロワーが増えていったのです。

「自分が何者なのか」をきちんと発信していくことで、**「このアカウントは森美術館のアカウントだ」という認知とブランディングにつながります。**その流れがあって、初めて森美術館のファンを増やすことができるのです。

森美術館のＳＮＳアカウントを運用していくうえで最初のステップは、森美術館の名前を覚えてもらうことでした。実際、いまも「六本木ヒルズの美術館」「森ビル美術館」のように呼ばれることもあります。

このように、ＳＮＳの運用においては、短期的・単発的な告知や集客だけでなく、長期的なブランディングも並行して考えていくことが大切なのです。

ＳＮＳをウェブサイトの誘導口にしてはいけない

ツイッターやフェイスブックのカバー写真も、以前は展覧会ごとに変えていました。「アンディ・ウォーホル展」の会期中は「アンディ・ウォーホル展」のビジュアルに、「村上隆の五百羅漢図展」の会期中は「村上隆の五百羅漢図展」のビジュアルにしていました。

誰でも知っているアーティストの展覧会であれば、会期中に多くのファンがつきますが、展覧会が終わって企画展の装いが変わった瞬間、去って行ってしまう恐れがあります。つまり、森美術館という施設のアカウントではなく、１つの展覧会、１つのイベント用のアカウントだと思われてしまう恐れがあります。

そこでＳＮＳのカバー写真は**「森美術館のエントランス画像」に固定**しました。森美術

森美術館のツイッターアカウントのカバー写真

館は森タワーの最上層にあるため、外観写真を撮影するのが難しいので、このエントランスしかないと思ったのです。

短期的なインパクトを考えるなら、おそらく展覧会のビジュアルを打ち出すべきでしょう。しかし、あえてそれを捨て、長期的なブランディングを選んでいるのです。

海外の美術館については後ほど触れますが、ルーヴル美術館、ニューヨーク近代美術館（ＭｏＭＡ）など、世界を代表する美術館のアカウントも、アイコンとカバー写真を固定しています。私はそこから美術館としてのプライドを感じるのですが、いかがでしょうか。

アカウント名も、シンプルに「森美術館 Mori Art Museum」で固定しています。よく組織名のあとに

「@」をつけて、「@○○○販売中」のような宣伝を入れるアカウントもありますが、私はお勧めしていません。広告的、宣伝的なアカウントは、ユーザーから嫌われる傾向があるからです。広告的にならない対策についても、後ほど詳しく触れたいと思います。

また、ツイッターのプロフィール欄のリンク先は、以前は公式サイトにしていたのですが、現在はインスタグラムにしています。いま、最も力を入れているインスタグラムを見てほしいという理由もありますが、そもそもSNSは公式ウェブサイトに誘導するだけのものではないと考えているからです。

実際、ウェブサイトのリンクを張って、誘導をメインにしているアカウントも多くあります。投稿のテキスト内で詳細を伝えきれないために、「詳細はこちら」のリンクで飛ばすのは問題ありません。しかしリンクだけの投稿は、ユーザー側にしてみたら、せっかくフォローしているのに、その意味を見失ってしまう気がするのです。

SNSユーザーは、ウェブサイトに簡単に行くことができるところを、わざわざSNSを見にきてくれているのですから、もうひと工夫があったほうがよいでしょう。

やや抽象的な言い方ですが、企業や組織のアカウントは「中の人」の人格を表立って表現できないので、ある意味、生活感のない、冷たい印象を持たれがちです。だからこそ公式アカウントは、目にとめてもらえるようにキャッチコピーを考えて、きちんと情報を咀《そ》嚼《しゃく》して提供していく必要があるはずです。できるだけ情報はリンクに頼らず、SNS内で完結していることが望ましいと思っています。

先ほども述べたように、SNSの投稿で重要なのは、「一対一のつながり」を意識しながら相手に話しかけるように伝えること。

そもそも最近は、検索エンジンで検索をしなくなってきたといわれています。特にSNSが普及し続けている昨今、その傾向はどんどん強まっています。

たとえば、「森美術館に行ってみよう」と思ったときには、多くの人がウェブサイトを見ます。展覧会の大まかな内容と、営業時間、料金、アクセスあたりを確認するには、公式ウェブサイトは欠かせません。

しかし、「森美術館に行ってみよう」と思ったきっかけは、おそらく公式ウェブサイトではないでしょう。SNSなどの情報で森美術館を知り、興味を持ったはずです。この認知経路においては、ウェブサイトは「受け」となりますので、偶発的な情報接触は難しいのです。

26ページのアンケートのデータでも証明されているように、この展覧会が面白そうとか、行ってみようとか、実際の行動につながるフックとなっているのは圧倒的にSNSです。

これまではウェブサイトが「主」で、ＳＮＳが「従」でしたが、すでに構図が逆転していることを、理解しておいていただきたいと思います。

刺さるのは「温度」と「気持ち」が伝わる投稿

先ほど広告的、宣伝的なアカウントは、ユーザーから嫌われるとお伝えしました。しかし、企業アカウントの最終目的は商品の購入だったり、集客だったりするのが本心ですから、どうしても投稿から広告や宣伝の香りがにじみ出てきます。

どうすれば、それを消すことができるのか。簡単にできるコツを、ひとつご紹介しましょう。

それは、**アップする写真を自分で撮ること**です。

ＳＮＳは公にさらされる場なので、当然ながら企業アカウントは質の高いものを見せなければならない、という思考になります。そのため、プロのカメラマンが撮影したオフィシャル写真や、宣材写真を使います。

しかし、画格、構図、明瞭度など、クオリティの高いオフィシャル写真は、紙媒体、ウェブサイトには向いているのですが、ＳＮＳではなかなか伝わりにくい。なぜなら写真の精度が高すぎるがゆえに、温度感がなく、冷たい印象を与えてしまうからです。つまり、「広告感」が出てしまうのです。

親しい友だちに「こんな面白いところへ行ったよ」と写真を送るときは、自分で撮った写真を送ると思います。もしかしたら、ゆがんでいるかもしれないし、多少ブレているかもしれない。でも、撮った人の「温度」と「気持ち」は伝わります。

まさにそれと同じです。「中の人」が自分で撮る。そのほうが間違いなく「気持ち」が伝わります。親しみが湧く、ということです。きちんと撮影できていれば、多少、ゆがんでいたりするのはご愛嬌。それでフォローをはずす人はいません。

ちなみに、森美術館の公式ウェブサイトに使う画像は、美術館がアーカイブとして記録したオフィシャル写真をクレジット入りできちんと使っています。自分のスマートフォンで撮影するのは、SNSだけに許された戦略なのです。

一方で、SNSは多くの場合、友人・知人や家族、親しい人とのやりとりがメインです。つまりは「プライベートな空間」です。その中に、企業アカウントをどう忍び込ませるか。ユーザーのタイムラインを想像すれば、おのずと答えは出てくるはずです。

ここでもうひとつ、広告らしさを消すコツを挙げるとすれば、**「値段を載せない」**という手があります。森美術館でも展覧会グッズを紹介することはありますが、ほとんど値段は載せません。「○○展のこんなグッズが、ミュージアムショップで販売されています」と事実をお伝えするのみ。値段を書くと、一気に宣伝っぽくなってしまうからです。

ぜひ来てください、ぜひ買ってくださいという言い方は、極力しないようにしています。先ほどご紹介した「閉幕まで何日！」という投稿も、「だから早く来てください」とは書いていません。書きたい気持ちを抑えて淡々とカウントダウンだけをする。

事実を盛ることなく、かつ人間の温度に温めてお伝えすることです。

この特性は、美術館のマーケティングをしていてわかったことです。というのも、美術館は集客や利益を第一にしたベタな広告を投稿に出すわけにはいかないからです。文化施設たる美術館のＳＮＳアカウントだからこそ、不思議とユーザーにこちらの気持ちが届いているという実感があったのです。

しかしどんなビジネスでも、ベースは同じではないでしょうか。実際、この方針で「入場者数ランキング」で上位を独占する結果が出ているのですから、大きく間違っているとは思えません。

そもそも写真撮影を解禁したのも、マーケティング戦略であると同時に、「来館してくださった方に、思い出を持って帰ってもらいたい」「敷居が高いと思われがちな現代アートをもっと気軽に楽しんでほしい」という来館者に対するサービスでもあるのです。

ＳＮＳが集客ツールになるのは確かです。しかし、シェアを促すキャンペーンなどをやりすぎると、信用や説得力がどんどん失われていきます。**あくまで「来館者に対するサービス」のレベルにとどめておく**ことが、結果につながるのだと思います。

ＳＮＳは「秒の戦い」

残念ですが、ＳＮＳの文章は、ほとんど読まれていないと思っています。

どれだけ頑張って書いた投稿も、タイムライン上では、他の大量の情報に埋もれてしまう。このタイムラインという仕組みは、ＳＮＳ担当者の悩みのタネです。小さなスマートフォンの画面で、表示されるかどうかの一瞬でサササッとスライドされて、どんどん流されていく。これは企業の「中の人」だけでなく、一般ユーザーでも同じ悩みがあるはずです。

では、ユーザーに目をとめてもらうにはどうしたらよいでしょうか。

前提として、テキストはなかなか読んでもらえないと覚悟しましょう。もし読まれても、最初の1行と画像だけと考えてください。

最初の1行を見て、瞬時に写真に目を移し、興味を持ってくれた人だけがテキストを読んでくれる。その判断に、おそらく1秒もかかっていないでしょう。まさにSNSは「秒の戦い」だと思います。

1行目で興味を持ってもらうには、前置きなどを書いている余裕はありません。ですから、**その投稿で一番伝えたいこと、大事なことを、1行目で表現してみてください**。私はたいてい1行目を、これはどんな投稿なのかという「タイトル」にしています（【口絵写真7】）。

また、「スライドしないで指を止めてほしい」という気持ちで、絵文字などのアイキャッチを入れることもあります。ただし、感覚的に、絵文字は多用しすぎると、どこが重要なのかわからなくなってしまいます。また、投稿の説得力や、投稿によっては信用度を落とすことになりますので、少なめに使用したほうがいいと思います。

そして、2行目から本文になりますが、ここでも前置きは不要です。私は**2行目まででなるべく伝わるように心がけています**。

たとえばイベントのお知らせであれば、イベントのタイトル、日時、場所を優先して伝える。そのイベントに興味のあるユーザーは、「何だろう？」と思って続きを読んでくれるでしょう。イベント開催の意図などからスタートすると、すぐに読み飛ばされてしまう可能性が高い。

1秒以下でどう認知させるか。ここを考えてSNSを運用しないと、反応を得るのが難しいのです。

漁師にたとえるなら、仕込みを十分やっても、肝心な投網のタイミングでモタモタしていて魚に相手にされない、というのと一緒です。

せっかくSNSに投稿するのであれば、見てもらわないと意味がないのです。この考え方はとても重要で、同じことは美術館の展覧会にもいえると思っています。

つまり、多くの人に見てもらえることで、アーティストやキュレーターのメッセージが広がり、社会で議論が起きるなど、さまざまな価値が生まれてきます。せっかくいい展示をしても、見る人がいなければ何の意味もありません。

ここで国立科学博物館（当時の東京博物館）の初代館長であり、日本の博物館学の父といわれた、棚橋源太郎氏（1869〜1961）の著書『眼に訴へる教育機関』（宝文館）の一節をご紹介します。

「（博物館は）これまでのように座して見物人を待つと云う消極的態度を棄てて、進んで博物館を世間に宣伝広告し、観覧者を呼び集めてあらゆる便利を与へ博物館としての役目を十分に果たさんとするにあるのである。観覧者の吸収は博物館としては実に根本的問題である。人をいれなければ、教育することも、指導することも、どうする訳にもいかないのである。（中略）博物館としては有らゆる方法で広告をし、宣伝をして来館者を吸収すると云う事は固より当然のことである」


美術館は博物館のカテゴリの一部ですから、すべての美術館に当てはまる提言です。

このあらゆる手を尽くして人を呼ばなくてはいけないという提言は、日本における博物館誕生の黎明期から現代まで、まさに共通の課題として考えられているわけです。

「言わない勇気」が核心を伝える

文章上の注意点でいうと、「**作品について語りすぎない**」ということも心がけています。

お伝えするのは「こういう展覧会をやります」「こういう作品があります」といった事実

のみにとどめ、なるべくユーザーの感性にゆだねるのが美術館SNSのあるべき姿だと思っています。

たとえば2018年、災害やテロ、戦争、経済破綻など、さまざまな惨事に対してアートの役割と力を問う、「カタストロフと美術のちから展」という意欲的な展覧会を開催しました。

来館者が会場で体験できる、オノ・ヨーコさんの《色を加えるペインティング（難民船）》という作品をはじめ、テーマに沿った作品が並んでいたわけですが、SNS上ではどれか一作品にフォーカスして解説していくことなどはしませんでした（【口絵写真8】）。

会場での説明や、ウェブサイトでの解説記事は必要です。しかし、SNS上で詳しく説明すると、各作品の大切な部分が軽んじられてしまうのではないかとか、一方的な押しつけに見えてしまうとか、担当者なりに非常に心配したからです。

このような、テーマに合わせて複数のアーティストが作品を出展している展覧会では、1つの作品にフォーカスしすぎることも難しく、バランス感覚が要求されるのです。一人のアーティストの作品、特に有名な方や目立つ作品を強く打ち出しすぎると、その作品に興味のない人が離れてしまう恐れがあります。また、そのアーティストの個展と勘違いされしまう可能性もあります。

それに、「カタストロフと美術のちから展」の知名度も広まっていきません。本当は「目立つ作品」だけを投稿していくほうが、ＳＮＳでは効果を出しやすいかもしれません。ただ、その方法が展覧会全体から見て正しい発信なのかどうか、ということです。とはいえ、すべての情報を盛り込んでも要点が伝わりにくくなってしまいます。ですから、偏らずに、客観的に、要点だけを発信するのです。

このように、伝えたいことを伝えるためには、シンプルに情報を整理してあえて多くを「伝えない」という判断も必要なのです。

同じことは、他のビジネスにもいえると思います。担当者の判断で推しているものを次々と投稿したときに、ユーザー側に要点が伝わらず、届きにくくなってしまうことがあるのです。

自分の思いを相手に押しつけないこと。あえて「言わない」勇気を持つこと。ＳＮＳ担当者が注意すべき大切なことです。

予算がなくても効果を発揮する「SNS」という魔法

アートをビジネスにしていくことはなかなか難しいものです。森美術館の創設者である森稔は、文化の発展と継続を考えて、「アートがビジネスになるようにしなくてはいけない」と、文化事業の持続可能性を提唱していました。

森美術館は、六本木ヒルズの最上層からアートをどのように発信していくか、来館者をどのように増やし、アートに触れる機会を多く提供していくべきかを、開館当初から重要視しながら運営を続けています。

森美術館は、自主企画展を中心に開催している美術館であるがゆえに、それぞれの企画展のテーマによって、来館者数に違いが出てきます。多くの方が来館される場合もあり、またその逆もしかりです。

予算はこれらの展覧会ごとに組まれて、プロジェクトが進んでいきます。美術館のプロモーションを担当する私にとって重要な広報予算ですが、やはり、どうしても予算内でできることには限りがあります。ですからマーケティングの担当者としては、ここ一番のときに、知恵を絞る必要があるのです。

まずは、結果を出すことより先に、できることを１００パーセントやっていくことからスタートします。

そのとき、最初から最後まで役に立つツールとして、ＳＮＳは強力な手法であり、プロモーションの「主砲」になっていきます。何しろ、ツール自体に費用がかからない。しかもこれまでご説明した通り、直接的に集客に影響が出る。やる、やらないではなく、やらなければ、結果的に、最善を尽くしたことになりません。

美術館のプロモーションが目指すゴールは、あくまでも「来館」です。ＳＮＳを見たことで、どれだけ来館してくれたかが重要であって、狙った面白い投稿がインターネット上で大量拡散中だとか、「中の人」のキャラクターがウケているとか、それは途中の評価にすぎません。

ＳＮＳをきっかけに、美術館というリアルな空間に足を運んでもらうにはどうしたらよいか。それだけを考えてＳＮＳを運用しています。

ＳＮＳは、研究や分析をしっかりやればやるほど時間がかかりますが、情報をまとめて投稿するだけならすぐにできます。本書で運用の基礎を理解しながら、あとはＳＮＳに慣れてもらえば、コストを気にせずに、ＳＮＳアカウントから伝えたいことを投稿することができるようになるはずです。

次章では、海外の美術館のＳＮＳ事情から話を進めていきたいと思います。いま、アートシーンで起きていることがいかに革命的か、きっと驚かれることでしょう。

第2章

海外の美術館の最新SNS事情

「シェア」は美術館のルーツでもある

SNSの普及で、「シェア（共有）」という言葉が当たり前に使われるようになりました。最近では、シェアハウス、シェアサイクル、カーシェアなど、社会の隅々にまでこの「シェア」という言葉が広がりつつあります。

実は美術館も、**「シェア」がルーツにある**ことをご存じでしょうか？　ここで少し、美術館の歴史にも触れておきたいと思います。

世界最大の規模を誇る、フランスのパリにあるルーヴル美術館。その収蔵品はなんと38万点以上、年間800万人以上が訪れる、世界で最も入場者数の多い美術館のひとつです。

ルーヴル美術館は、歴代フランス王の王宮として使用されていたルーヴル宮殿の一角にあります。このことからわかるように、もともと美術品は、王族・貴族といった特権階級の所有物でした。

ルーヴル美術館において有名な《モナ・リザ》もそうです。この作品は、作者レオナルド・ダ・ヴィンチの死後、当時のフランス王、フランソワ1世が買い上げました。そして100年以上、彼らの住む宮殿に所蔵されていたそうです。

ルーヴル美術館の外観

そんな《モナ・リザ》が、なぜ一般市民に公開されたのか。きっかけは、１７８９年に起こったフランス革命です。この革命によって、特権階級によって独占されていた美術品が、市民へと解放、つまり「シェア」されました。

ルーヴル美術館は、フランス革命から４年後の１７９３年に開館しました。ルーヴル宮殿の収蔵庫が、市民に開かれたわけです。このように美術館の起源には、シェアの思想が深く関わっています。

特権階級の収蔵庫が市民にシェアされたという、「第一の革命」から２２０年以上が経ち、いま再びシェアの革命が起きています。美術館という限られた場所でしか見

メトロポリタン美術館の外観

ることのできなかった美術品が、スマートフォンをはじめとしたデバイスによって、さらに広くシェアされ始めたのです。

2017年には、ニューヨークにあるメトロポリタン美術館（MET）が、数十万点におよぶ収蔵品を「**クリエイティブ・コモンズ・ゼロ（CC0）**」ライセンスのもと、一般公開しました。「クリエイティブ・コモンズ・ゼロ」とは、ひと言でいえば「著作権なし」のことで、このライセンスのもとで提供される作品は、撮影はもちろん、インターネットを通じて作品をダウンロードしたり、SNSにアップしたりと、自由に使うことができます。

海外の美術館はここまで来ているのかと驚くばかりです。対して日本は、まだまだ課題が山積しているといわざるをえません。

いずれにせよ、この流れはまだ始まったばかりです。今後、間違いなく加速していくことでしょう。私たちは、まさにミュージアムにおける「大変革」のまっただ中にいるのです。

グローバル企業より影響力がある海外の美術館ＳＮＳ

ここで、海外の美術館のＳＮＳ事情を見てみましょう。日本よりはるかに進んでいることに驚くはずです。

次ページの表は、海外の主な美術館のフォロワー数をまとめたものです。森美術館はツイッター、フェイスブック、インスタグラムのフォロワーをすべて足して40万人。一方、アメリカのニューヨーク近代美術館は、ツイッターだけで５４０万人、英国のテート（Ｔａｔｅ）は４９０万人ものフォロワーを抱えています。

まさに桁違いです。もちろん、言語の違いも関係しているでしょう。世界の英語人口は、およそ17億５０００万人。森美術館もできるだけバイリンガルで投稿しながら、海外のミ

▶世界の美術館のSNSのフォロワー数（2019年5月10日現在）

	Instagram	Twitter	Facebook	計
森美術館	12万26	17万3,854	12万782	41万4,662
メトロポリタン美術館	313万4,077	435万8,501	195万8,308	945万886
テート	284万6,037	490万1,620	119万1,565	893万9,222
ニューヨーク近代美術館（MoMA）	452万6,831	540万2,746	209万9,353	1,202万8,930
ジョルジュ・ポンピドゥー国立芸術文化センター（ポンピドゥー・センター）	90万6,343	106万5,435	70万9,450	268万1,228

ュージアムを意識しています。

フォロワー数の規模は、ニューヨーク近代美術館ではツイッターの540万人に加え、フェイスブックが200万人、インスタグラムが442万人いますから、軽く1000万人を超えます。

この数字がどれだけすごいか？ 媒体の種類が違うので、単純に比較はできませんが、世界最大の発行部数を誇る『読売新聞』が約800万部ですから、尋常ではない数だということがご理解いただけるのではないでしょうか。

もはや美術館のSNSが、ひとつの強力なメディアになっているといってもよいでしょう。

また、ニューヨーク近代美術館やメトロポリタン美術館と、誰もが知っているような有名な企業アカウントを比較してみると、たとえばコカ・コーラのインスタグラムフォロワーは260万人、アマゾンが180

万人、ウォルマートが179万人。

世界中で商品展開をしているグローバル企業より、その地域にしかないたった1つの美術館のアカウントが上回っています。

商品やサービスの知名度、プロモーションでは優位に立っていると思われるグローバル企業を差し置いて、なぜここまで美術館のSNSは「強い」のでしょうか？

その謎を解明しようと、彼らのSNSを見た人は、意外に感じるでしょう。何も特別なことをしていないからです。森美術館も特別なことをしない、**基本情報を繰り返し伝えていく**ことを心がけていますが、それよりさらに「地味」かもしれません。

こんな展覧会をやっています、こんな作品があります、こんなイベントをやります……。「事実」を淡々と投稿し続けている。SNSを運用している方は、ぜひ一度、ニューヨーク近代美術館のツイッターをチェックしてみてください。「ああ、これでいいんだ！」という意外な発見があると思います。

ではなぜ、美術館のSNSは「強い」のか？　この問いに戻りましょう。

要するに、**「文化的な投稿」は突出してユーザーの心に届きやすい**、ということだと思います。まさに「文化・芸術は経済より上にあるべきもの」という言葉通りです。先ほどお話ししたように、企業の投稿はどうしても広告的になりがちです。商品の購入へ誘導していく意図が、投稿から透けて見えてしまうのです。自分たち目線の「売りたい」という欲と、どう戦うか。ユーザーの心をつかめるかどうかは、ここにかかっていると思います。

広告や販促ではない投稿に人は心をひらく

では、日本の場合はどうでしょうか。次ページの表は、国内の民間企業の公式ツイッターフォロワー数ランキングです。

このランキングに森美術館を当てはめてみると、現在のフォロワー数は17万2273人ですから83位に位置します。東急ハンズ、アディダス、GAP、アシックスなど、全国展開をしている有名企業よりも上位ですから、健闘しているのではないでしょうか。

私が注目したいのは、11位の上野動物園、38位の東京ズーネット（都立動物園・水族園）、45位の大阪・海遊館、46位の新江ノ島水族館、49位の京都水族館など、ミュージアムの仲間である動物園・水族館が多数ランクインしていることです。

▶「企業・メーカー」Twitterフォロワー数ランキング

順位	企業名	フォロワー数	順位	企業名	フォロワー数
1	スターバックス コーヒー	4,590,189	48	Nike Japan	316,420
2	ローソン	4,029,391	49	京都水族館【公式】	301,810
3	セブン-イレブン・ジャパン	3,138,356	50	Louis Vuitton Japan	285,198
4	マクドナルド	2,764,615	82	ヤマダ電機	172,296
5	東京ディズニーリゾートPR【公式】	2,507,949	83	すみだ水族館【公式】	171,333
11	上野動物園［公式］	984,012	84	長崎バイオパーク公式	164,411
12	ANA旅のつぶやき【公式】	961,786	85	旭川市旭山動物園［公式］	164,104
38	東京ズーネット［公式］	393,135	90	東急ハンズ	152,494
39	セガ公式アカウント	368,111	91	アクアワールド茨城県大洗水族館	149,578
45	大阪・海遊館	340,762	116	Gap Japan	106,359
46	新江ノ島水族館	331,616	117	ASICS Japan	104,676
47	キングジム	330,173	118	NewDays	104,170

出典：meyou「Twitter日本『企業・メーカー』フォロワー数ランキング」をもとに作成

かわいい動物や、きれいな魚の写真がユーザーにウケているのでしょう。このことは先ほどの「文化的な投稿」は「広告的な投稿」よりも刺さりやすい、という仮説を証明しているのではないでしょうか。

ランキング上位は、1位がスターバックス コーヒー ジャパン、2位がローソン、3位がセブン-イレブン・ジャパン、4位がマクドナルドの順となっています。全国展開している飲食チェーンやコンビニエンスストアといった、「身近にあるお店」がフォロワーを集めているようです。

スターバックスの担当者さんと

スターバックスのアカウントでは、ユーザーの日常を少しだけ豊かにする「提案」をしている（@Starbucks_J）

は、セミナーでご一緒させていただくことがあるのですが、お互いに一致しているのは、**「広告的な投稿をしない」**ということ。森美術館と同様、こんな新商品が出ました、いくらです、買ってください、みたいな投稿はしないということです。

確かにスターバックスの投稿を見ると、「提案」が多いことに気づきます。「このフラペチーノ®でちょっとひと休みしませんか」とか、「お気に入りのドリンクと一緒に楽しい時間を過ごしませんか」とか、ユーザーの日常を少しだけ豊かにする「提案」をしている。

結果的に商品紹介になっているのですが、決して押しつけてはいません。「買いませんか」「飲みませんか」とも言わないし、値段も書いていない。企業アカウントのお手本のようです。

写真の撮り方もさすがです。あえて雑然とした中に、すっとコーヒーを置く。多くのアカウントは商品を目立たせるために、白バックで撮りがちです。しかし、それではプロモーション感が満載になってしまいます。

こうしたきめ細やかな配慮が行き届いているからこそ、スターバックスは数ある日本の民間企業の中で、最もフォロワーを集めることができたのではないでしょうか。

私は、スターバックスのような優れたアカウントをお手本にするのは、とてもよいと思います。もしこれから、自分のＳＮＳを強くしていこうと考えているならば、相性のよいお手本となるアカウントを見つけることも担当者の大切な仕事だと思います。

安易なＳＮＳキャンペーンは「見せかけアカウント」を生む

対して、畳みかけるようにキャンペーン情報を投稿しているアカウントもたくさん見受けられます。「いくら以上買うと、いまだけドリンク無料券がついてきます」とか、「この投稿をフォロー&リツイートした人の中から、抽選で何名にプレゼント」とか。人はお得な情報に弱いもの。これはこれで、フォロワーを集めるひとつの方法なのかもしれません。

しかし私は、安易に真似しないほうがいいと思っています。なぜなら、こうしたキャンペーンで集めたフォロワーは、キャンペーン目当てでそのアカウントをフォローしているからです。
キャンペーンが終わったら、離脱者が出てくる可能性が高いのです。フォロワーをつかまえておくために、キャンペーンをやり続けないといけない運命が待っている。キャンペーンを続けることで、本来の目的ではないユーザーを囲ってしまい、フォロワー数だけはよく見えるという、まさに**「見せかけアカウント」になりかねない**のです。

キャンペーンを否定するつもりはありません。やり続ける体力と予算があればよいのです。しかし、森美術館も含め、多くのＳＮＳ担当者は人手も予算も足りない中、知恵と工夫で運用しているという前提でお話をすると、私はお勧めしないということです。

広告も同じです。広告でフォロワー数を増やすことも可能です。しかし、それで増えたフォロワーは、そのアカウントに対してロイヤリティ（忠誠心）が低いので、すぐに離脱してしまいがちです。離脱を止めるためには、広告を打ち続けるしかありません。

キャンペーンに頼るのではなく、投稿の世界観が好きだから、この企業が好きだからという理由でフォロワーが自然と集まってくるアカウントに育てるのが、「中の人」の力量ではないかと思うのです。

計画性＋臨機応変＝拡散

先ほど、動物園・水族館のアカウントにフォロワーがたくさん集まっている、とお話ししました。動物であれば、同じキリンやゾウを撮るにしてもポーズや表情が毎回違います。とても絵になるし、何しろわかりやすい。しかし、美術作品は基本的に姿を変えてくれません。

そのため私は、フォロワーを飽きさせない工夫を常に考えています。作品の写真、展示風景、トークイベントの生中継、グッズのお知らせ……。できるだけ投稿がバラエティに富んだ内容になるよう、心がけています。

大事なのは、**その場の思いつきだけで投稿するのではなく、なるべく計画を立てること。**実際に「レアンドロ・エルリッヒ展」では約3カ月間の会期を大きく3つに分けて、序盤はこのタイプ、中盤はこの出し方、終盤はここで刈り取る、といったように展覧会が始まる前に予定を組みました。

序盤は展覧会に来た人も少なく、口コミもSNS上に出ていないので、まずはわかりやすい情報を出していきます。中盤は、口コミが出始める頃なので、それを見たユーザーが行ってみたくなるような情報、一歩深い情報を出していく。終盤は展覧会の認知が進んでいることを前提に、先ほど紹介した「カウントダウン」を行うなどして、会期末までの来館を促します。

ユーザーが欲しがっている情報を先読みして、この時期はこの情報、この場合はあの情報と、段階的に発信します。

もちろん、計画表にないトピックが手に入ったときは、臨機応変に対応します。たとえば2017年に開催した、南インド出身の現代アーティスト、N・S・ハルシャの展覧会では、全長24メートルを超える大作で、細部におびただしい数の星を見ることができる《ふたたび生まれ、ふたたび死ぬ》という作品が展示されていました。

そんな会期中のある日、「NASAが地球に似た惑星を7つ発見した」というニュースがツイッターで話題になり、トレンドに「#惑星発見」が上がってきました。

そこですぐさま、「大きな宇宙で未知の惑星探しはいかがですか」というテキストと、トレンドに上がっているハッシュタグを載せて《ふたたび生まれ、ふたたび死ぬ》の画像を投稿しました（【口絵写真9】）。

狙い通り、投稿は拡散しました。**SNSの話題に上がっているトレンドを作品に紐づけることで、みなさんの意識に自然に入り込めた**のだと思います。

こうしたチャンスが思わぬときに発生するので、常にアンテナを張り、情報をチェックしておくことが大切です。ネットニュース、新聞、テレビはもちろん、「今日は何の日？」のような雑学もカバーできると、よりひらめきやすくなります。

現代アートの美術館ということもあって、投稿内容に時事ニュースをからめることは、通常はほとんどしません。美術館がニュースに反応して何かを発信する機会がないのです。それでもツイッターのトレンドは、そこから派生している関連情報にも影響があるので、常にチェックをしています。

「インスタ映え」を意識してモノを作らない

美術館のマーケティング担当というと、どのようなイメージが浮かびますか？　実際には、ここまで述べてきたように地道な作業の積み重ねです。あくまで主役は、アーティストと作品、そして展覧会です。

先ほどお伝えした通り、企画とマーケティングは完全に分かれています。ですから、マーケティングの立場から、もっと「インスタ映え」する展示をしようといった提案を、企画側にしたことはありません。おそらくマーケティングの発想で「インスタ映え」を狙った展覧会をやったら、みなさん興ざめすると思うのです。
たとえば壁に大きな翼が描かれていて、そこに立つとあたかも自分に翼が生えたように見える。そんな自分を写真に撮って、インスタグラムに投稿する。そんな「インスタ映え」を意識した展示を森美術館で見たいでしょうか？

私は「インスタ映え」などを意識しないで制作されたものが、意図せず結果的にすごい見え方になったときに、「インスタ映え」になるのではないかと考えています。その偶然性こそが面白い。現在の「インスタ映え」という言葉にはマーケティングの作意が入りすぎています。「インスタ映え」という言葉自体も、正直、気持ちのよい言葉でない気がします。

61万人が来館した「レアンドロ・エルリッヒ展」も、もちろん「インスタ映え」は意識していません。結果として、インスタグラムで多くの投稿をしていただきましたが、あくまで結果にすぎないと考えています。

この経験からいえることは、「映え」を狙った奇異な企画や商品開発、お店作りよりも、**基本はきちんとしたものであることを前提にすべき**だということです。そのうえで、「別の視点から見ると面白い」「偶然性がある」「外部の人がなぜか珍しがる」というような、ユーザーの興味ポイントに担当者が気づけるかどうか。その繊細な部分をキャッチできるかが大切になってくると思います。

話題になったメニュー「ブラックホールかきあげ丼」

ただ、例外があります。それは、**プロモーションツール**です。プロモーションツールに関しては、マーケティングの領域ですから、「インスタ映え」を意識して制作するのも面白いかもしれません。

2016年に開催した「宇宙と芸術展」では、ミュージアムカフェと協力して、「ブラックホールかきあげ丼」というメニューを開発しました（**【口絵写真10】**）。竹炭を加えて揚げたかき揚げに、うずらの卵や金箔をあしらって、宇宙を表現しました。ご飯も竹炭で炊いています。

このメニューは、ミュージアムカフェ・レストランのシェフに何度も相談して、やっとできた限定メニューです。「宇宙を前面に出したすごいものを作ろう！」という熱意が、予想以上のものになってしまいました。ちなみに見た目はインパクトがありますが、味は上品な天丼で抜群です。

また、「N・S・ハルシャ展」では、キービジュアルがピンクだったので、ミュージアムカフェで展覧会特別メニューとして作ってもらった「ココナッツミルクとトマト風味のチキンカレー」のライスをピンクにしてもらいました（【口絵写真11】）。もちろん、食べてもよい染料を使っています。

どちらのメニューも話題になり、特に「ブラックホールかきあげ丼」はアートと関係のないメディアも面白がって取り上げてくれました。話題になったことで、展覧会の認知、カフェの集客、お客さんが注文してSNSにアップしてくれるという、関係者すべてに恩恵がある取り組みになりました。

この「ブラックホールかきあげ丼」誕生の元に、「うつろ舟どんぶり」という器がありました。この器は展覧会の公式グッズなのですが、これをツイッター、フェイスブックなど各SNSに投稿したところ大反響があり、なんとツイッターでは1200リツイートされました。「江戸時代のUFO伝説」と呼ばれる、《うつろ舟の蛮女》という出展作品がモチーフです。

もともと、どんぶりに似ていると言われていた作品でしたので、グッズ化が話題になったのです。

一般企業や個人のアカウントとは違い、美術館の場合はアーティストの意向や展覧会のコンセプトもあって、作品や展覧会そのものをプロモーションツールにするのは難しい。ですから、会場から外に飛び出すことで可能性を見いだすことも大切にしています。そうすれば自由が利くため、話題を作りやすいのです。

知っているからこそ本物を「体験」したくなる！

ＳＮＳを通じて、展覧会の中身をスマートフォンで簡単に見ることができたら、お客さんはそれで満足して展覧会に来なくなってしまうのではないだろうか？

そんな疑問を持つ人も多いようです。

私はスマートフォンの画面で見る作品と、実際に美術館の会場で見る作品は「別物」だと思っています。たとえ動画でも、会場の空気感までは伝わりにくいのです。

やはり来てもらうこと、体験してもらうことに価値があります。ＳＮＳで展示作品の画像を見て、それで満足してしまうケースも多少はあるでしょう。しかし、それで興味を持ってくれる人たちが大勢いるはずです。そんな人たちに足を運んでもらえるように、訴え続けていく必要があるのです。

しかも、これだけ「レアンドロ・エルリッヒ展」の写真がSNSに流れ、それでも61万人のお客さんに来てもらえたのですから、その実績が証明していると思っています。SNSで写真を見ただけでは、お客さんは満足しない。それどころか、**むしろ本物を見たくなる**のではないか、というのが私の考えです。

人は、いい悪いは別として、評価が確定しているものを確かめにいく、という特性があります。だからモネやフェルメールといった有名作家の展覧会に、数時間もの行列ができたりするわけです。

その特性を抜きにしても、本当によい作品であれば、本物を見たくなると思うのです。たとえばエジプトへ初めて旅行に行って、「ピラミッド」や「スフィンクス」は教科書で見てよく知っているから見に行きません、という人はあまりいないと思います。むしろ、あのピラミッドを生で見てみたい、だからエジプトに行こう、となるのではないでしょうか。

そして本当にいいものであれば、「やっぱり本物はすごいよね」「見にきてよかったね」と思うはずなのです。

そう考えると、森美術館が展示する現代アートは、作品の評価がまだ定まっていなかったり、知名度がこれから伸びていくアーティストがたくさんいたりするので、むしろ他の美術館よりも多くの情報を発信・拡散させ、認知を得ていかなければなりません。あえて見せないでいると、「よくわからないから行かない」となってしまう。情報の出し惜しみはしてはいけないのです。

あくまでも森美術館に来てもらうことが目的です。そのためにも認知を獲得していくことが第一なのです。

美術館に来てみると、さまざまな体験を伴うことが理解できると思います。会場で作品を見ることだけが「体験」ではありません。

美術館に向かうときの期待、チケットを買ってゲートをくぐったときの開放感、独特な美術館ならではの匂い、鑑賞後の友人とのおしゃべり、そこでしか買えない限定の展覧会グッズでどれを買おうか迷う、そして撮影した写真をSNSに投稿すること。楽しみ方は人それぞれですが、ぜひミュージアムでよい経験をしてほしいと思っています。

スマートフォンの普及や、カメラ撮影OKの流れによって、さらにミュージアム体験は多様化しています。次章では、まったく新しい美術館体験を提案する日本初の試み、「#empty」をご紹介しましょう。

第3章

森美術館のユニークなSNS運用例

日本初の試み「#empty」の持つ可能性

世界の美術館で広がっている「#empty（空っぽ）」という試みをご存じでしょうか？閉館後など、お客さんのいない美術館にインスタグラマーが集まり、展示風景を自由に撮影するイベントです。

「#empty」は、2013年、メトロポリタン美術館で始まりました。以降、グッゲンハイム美術館（アメリカ・ニューヨーク）、エルミタージュ美術館（ロシア・サンクトペテルブルク）など、世界中の美術館で開催されています。

日本で「#empty」を開催したのは、森美術館が初めてです。2017年の「N・S・ハルシャ展」で、19名のインスタグラマーに撮影を楽しんでもらいました。

ここで重要なのは、「#empty」は**ビジネス目的ではない**、ということです。まさに、新しい美術館の可能性を探る実験でした。実験ですから、インスタグラマーのみなさんに楽しんでもらうことが主目的で、宣伝してもらおうとか、話題にしてもらおうとか、そういったことは考えないようにしました。

もちろん、ギャランティもありません。作品保護の共有と、イベントのハッシュタグをつけること以外は自由です。

あくまで**「自由に撮影を楽しんでください」というスタンスを貫いています。**そうでないと宣伝・広告感が漂ってしまい、展覧会にとっても、インスタグラマーのみなさんにとっても、お互いのパフォーマンスが発揮できないからです。

たまにインスタグラムの投稿で、「＃ＰＲ」というタグがついているのを見たことはありませんか？「依頼を受けて、ＰＲで投稿していますよ」というお知らせです。森美術館で行った「#empty」は、インフルエンサー・マーケティングのイベントではないので、この「＃ＰＲ」タグもつけなくてよい自由なイベントです。

企業に頼まれてビジネスで投稿するのと、自分が好きで、いいと思ったから投稿するのでは、モチベーションがまったく違うでしょう。写真のクオリティも大きく変わってくる気がします。

このイベントで、アイデアに富んだ、素晴らしい写真がたくさん誕生しました。自分たちには思いもつかない写真がいくつもアップされています。インスタグラムのハッシュタグ「#emptymoriartmuseum」で見ることができますので、ぜひ検索してみてください。

日本初のこの試みは大きな反響を呼び、『日経新聞』『毎日新聞』『ハフィントンポスト』

をはじめ、計9媒体で取り上げられました。来館者のインスタグラム投稿数も、「#empty」以前は1日およそ30投稿だったのが、それ以後は1日50投稿にまで増えました。

結果的に「N・S・ハルシャ展」も話題となり、約30万人の来館者を集めました。この数字は、2017年の美術館「入場者数ランキング」9位を獲得しています。

もちろんこのようなイベントは、アーティストの理解と協力があって実現できるものです。N・S・ハルシャ氏は「#empty」について、次のような見解を述べています。

「自分の作品は完成してしまえばもう私のものではなくなるので、それは絵画の冒険のようなものとして見守っています。子どもの頃、自転車に乗ったビラ配りのおじさんのあとを追いかけて、ばらまかれたチラシを拾っては、その内容を友達や家族に口伝えしていたことを思い出しました。紙からネットへ、情報の拡散の形式が違うだけで、当時もいまも変わらない。そこがつくづく興味深いと思っています」(『美術手帖』2017年4月26日〈森美術館で日本初の「#empty」開催。美術館のソーシャル戦略を問う〉より)

「#empty」をきっかけに、森美術館は会場内の撮影が許されていて、しかもSNSへの投稿もOKであるという認知が広がりました。「開かれている美術館」という認識が、さらに深まったという手応えがあります。今後も継続して、写真を楽しく撮ることができる機会を作っていこうと思っています。

「#empty」は、海外の美術館から始まったデジタルの表現活動ですが、その可能性は美術館に限らないと思っています。写真を撮りたい人たちと意見が一致できれば、どんな場所でも開催できるでしょう。実際、横浜F・マリノスの本拠地、日産スタジアムや、野外音楽フェス「フジロック」などでも、同様の試みが行われています。

SNSという自由に表現ができるツールが誕生し、アップしても楽しい、投稿を見ても楽しい、という新しいコミュニケーションが生まれました。森美術館が行ったこのイベントをきっかけに、国内のミュージアムでも広がってほしいと思っています。

「インフルエンサー・マーケティング」の最高な形

「撮影OK」にしていることで、たまにすさまじい投稿に出会うことができます。海外の有名ミュージシャンや、俳優、モデル、実業家など、いわゆるインフルエンサーがプライベートで展覧会の様子をSNSに投稿してくれたときです。それが時に、信じられない量の拡散を生むことがあります。

どれを見ても、公式からの投稿よりも何十倍も説得力のある投稿です。なぜなら本人たちがプライベートで来てくれているからです。まさにインフルエンサー・マーケティングが最高の形で実現できています。

また、人の力を借りた投稿といえば、出展アーティストを巻き込んでSNS企画に挑戦しました。2019年2月から5月にかけて開催した展覧会「六本木クロッシング2019展」の出展アーティストの林千歩さんに新元号の「令和」を書いてもらい、彼女の作品であるAIロボット「アンドロイド社長」が「令和」の額を掲げている写真を撮り、元号が変わった5月1日の0時0分に「#新元号」「#改元」「#令和」などのハッシュタグをつけてツイッター、フェイスブック、インスタグラムに投稿したのです（【口絵写真12】）。インスタグラムでは一晩で3000いいねがつく反応があり、アーティストの力、作品の力、タイミングすべてが一致して展覧会情報が大量拡散しました。公式だけではできない投稿も、アーティストやインフルエンサーを巻き込むことでさまざまな化学反応が起こるのです。

どうしても実現させたかった《流星刀》の展示

２０１６年に開催した「宇宙と芸術展」では、私も少しだけ展示に関わることができました。それが【口絵写真13】の《流星刀》です。前述したように、私が展示内容に意見をすることはないのですが、これだけはどうしても実現させたかったのです。

「宇宙と芸術展」は《竹取物語絵巻》や、江戸時代の天体望遠鏡《反射望遠鏡》、あのガリレオの書いた書籍の初版本、チームラボのインタラクティブな映像作品、トム・サックスなど現代アーティストの作品まで、宇宙をテーマに、子どもから大人までが楽しめる展覧会でした。

「宇宙と芸術展」の企画会議に参加したときに、私はすぐさま《流星刀》がひらめきました。《流星刀》とは鉄の隕石から作られた日本刀で、幕末から明治にかけて活躍した政治家、榎本武揚が作らせた非常に珍しい刀剣です。これは、マーケティング的にも、展覧会のストーリー的にも、本展にぴったりの刀剣だと確信したのです。

なぜなら、ゲーム『刀剣乱舞《とうけんらんぶ》』が火つけ役になって、いま空前の「刀剣ブーム」が訪れています。このブームのおかげで、国内の美術館で「刀剣」の展示が増えてきていることも気になっていました。そんな状況もあって、この展覧会を通じて、森美術館で最適な刀剣が展示できると思ったのです。この刀があれば「宇宙と芸術展」で話題を作れる自信がありました。

担当キュレーターに《流星刀》展示の相談を持ちかけながら、並行していま、誰が所有しているのかを探すことから始めました。幸いなことに現存している長刀1本が、榎本武揚が設立した東京農業大学に寄贈されていることがわかりました。

寄贈された《流星刀》は少し前にメンテナンスを終えて大学に戻ってきた、ということで、コンディション的にも最高のタイミングでした。

その後、所有者である東京農業大学、寄贈者のご協力をいただき、無事に展示に至りました。

マーケティング担当が探してきたものを展示することは、森美術館ではとても異例なことだったと思います。このときは多くの偶然が重なり、すべてがスムーズに進んだことで、まさに刀の神様が降りてきたような毎日でした。

というのも、これも偶然ですが、私のご先祖さまは肥後熊本で刀匠《とうしょう》をしていた一族で、熊本城を築いた戦国時代の武将、加藤清正のお抱え刀鍛冶《かたなかじ》でもありました。いまも「同田《どうだ》貫《ぬき》」は肥後を代表する刀剣として伝えられています。もちろん『刀剣乱舞』にも登場しています。

しかし、《流星刀》の展示だけでも十分ですが、さらにＳＮＳ担当者だからこそできる話題を創出したい。そこで、『刀剣乱舞』のように刀をキャラクター化しようと思いました。

ここでも偶然が続き、世界的人気ゲーム『ファイナルファンタジー』シリーズのキャラクターデザインも手がけるアーティストの天野喜孝さんに、《流星刀》のキャラクタービジュアルの制作をお願いしたところ、描き下ろしてくださいました。

このときすでに、展覧会はスタートしていました。会期が限られていますので、一刻の猶予もありません。天野さんはお忙しいところ《流星刀》を優先して制作してくださいました。本当にありがたい限りでした。

こうしてでき上がったのが、**【口絵写真14】**のビジュアルです。

お披露目の際には天野さんご本人も来てくださり、多くのメディアに取り上げられました。

もちろん、ＳＮＳでの反応も抜群でした。この投稿はツイッターで、一晩で１５０万インプレッションを獲得しました。この数字は、森美術館の歴代1位で、いまも抜かれていません。

なぜ、この投稿がここまで拡散されたのか？　要因のひとつは、森美術館が展示作品をキャラクター化した意外性と、それに興味を持った『刀剣乱舞』や『ファイナルファンタジー』のファン層が拡散してくれたこと。それからゲームファンとツイッターの相性がよかったことも挙げられます。自分が好きなゲームや映画など、趣味に直結する話題を、みんなにシェアしたい気持ちはよくわかります。

面白かったのは、このツイートのインプレッションが伸びたのが真夜中だったこと。どうやらゲーム好きは、夜に活動される傾向があるようです。朝にツイッターを開いたときに、インプレッション数がとんでもないことになっていて、飛び起きたのを覚えています。

こうした施策によって、「宇宙と芸術展」は27万人もの来館者を集めました。チャレンジングな企画展でしたし、宇宙というテーマもわかりやすく、森美術館にとっても、新しいファンを獲得できた展覧会だったと思います。

SNSの「生中継」はフットワークが命

森美術館では、アーティストを招いたトークイベントや、ギャラリートークなど、展覧

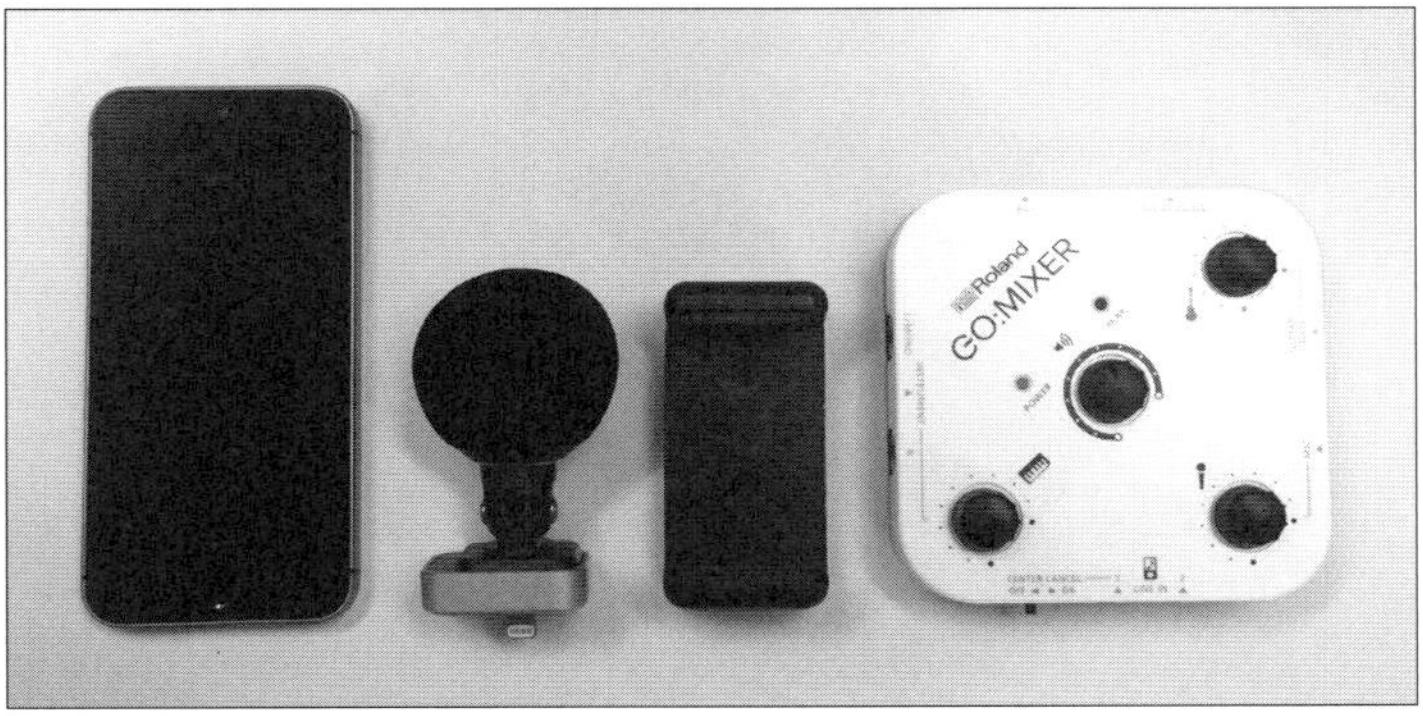

イベントの生中継で使用した道具

会に関するイベントを定期的に行っています。

ギャラリートークは、アーティストやキュレーターがお客さんと館内を回りながら、作品の見どころを解説していくため、会場のキャパシティの都合上、実際に参加できる人数がどうしても限られてしまいます。同様に、トークセッションや、ワークショップでも制約があります。本当は来たかったけれど、スケジュールの都合で断念したお客さんもたくさんいらっしゃるでしょう。

そこで私は、インターネットを通じてイベントを「生中継」する試みを、機会があれば行っています。担当キュレーターが展示の解説をしたり、アーティストが自分の作品をその場で語ってくれたりという、とてもぜいたくな機会なのに、それを体験できるのが数十人ではもったいないと思ったからです。

生中継の際は、上の写真のような「撮影キット」

を使って、自ら撮影と配信を同時に行っています。用意するのは、スマートフォン、音声を拾うためのインカムマイク、そしてスマートフォンを固定できるもの。たったこれだけです。

それだけですか、と驚かれることがありますが、これだけで十分です。オフィシャルな資料として残す記録映像なら、本格的な4K動画を撮れるカメラが必要かもしれませんが、生中継はフットワークが命です。何かあったらすぐに駆けつけて、その場で配信するためには、機材はシンプルであるほどいいでしょう。

特にギャラリートークは、解説者を追いかけないといけないですし、他のお客さんの邪魔になってもいけません。なので、軽いことはかなり重要です。そもそも視聴者はこの場合、高画質な映像を求めているわけではありません。トークを漏れなくお伝えすることが最優先です。

インカムマイクを使っているのも、フットワークを重視しているためです。最初のうちはスマートフォンに外付けの集音マイクをつけていたのですが、ギャラリートークの場合、動きながらしゃべりますから、どうしても声を拾いきれません。そこで、解説者にインカムマイクをつけてもらって、無線で音声を拾えるようにしました。

配信は「ペリスコープ」というツイッター社が開発した動画配信アプリを使っています。

これを使うと自分のツイッターで生中継をすることができます。誰かが生中継の様子をリツイートすれば、他の人のタイムラインにも生中継が流れるので、拡散効果は抜群です。生中継のおかげで、何千人もの人にイベントの模様をお届けすることができるようになりました。動画は24時間で消えるようにすることも、アーカイブとして残すこともできます。残した場合は、あとからでも見ることができるので、累計では何万人という人が見ることになります。

これほどの人数をリアルで集めようとしたら、東京ドームくらいの会場が必要でしょう。それを誰でも持っているスマートフォン1台と、「中の人」が一人いれば実現できるのですから、すごい時代だと思います。

ＳＮＳはリサーチにも使える！

ＳＮＳの使い道は、発信だけではありません。お客さんがいま何を求めているのか、**リサーチのためのツールとしても使えます。**

先ほど紹介した「宇宙と芸術展」では、展覧会がスタートする前に、週ごとに作品を変えて投稿してみました。今週は《曼荼羅》、翌週はチームラボの新作、その次の週は《竹取物語絵巻》というように、順番に投稿していくことで、どの作品が、どの層に、どのくらい人気があるのか、というデータを得ることができました。

これまで展覧会というのは、ふたを開けてみないとわからないものでした。お客さんに伝わるか不安だった展示が想定外に好評を得ることもあり、事前に読めないことが多くあります。

ところが、あらかじめSNSでリサーチを行うことで、お客さんの反応を予測することができるようになりました。反応次第で、広告を含めた情報の出し方を変えたりすることができます。

たとえばAIBOのコンセプトデザインを手がけたことで知られるアーティスト、空山基さんの《セクシーロボット》という作品は、事前のリサーチの結果、中高年男性の反応が大きいことがわかりました（【口絵写真15】）。

そこで、この層に向けて展覧会情報が刺さるように、フェイスブックを中心にプロモーションを行いました。

展覧会関係者にSNS上の反応をフィードバックすることによって、関係者に安心感を与えることもできます。そのことが展覧会のムードにも微妙に関わってきますから、SNS担当者のできることはまだたくさんあると思います。

このように、作品ごとにリサーチを兼ねた投稿をしていくやり方は、さまざまなアーティストが参加する企画展、グループ展で効果を発揮します。同じように、さまざまなメニュー、商品を扱っているお店や会社は、ぜひ試してみてください。結果として、顧客の満足度も上がると思います。

次章では、私がＳＮＳ運用において実践しているノウハウを、さらに具体的にお伝えしていきたいと思います。特にインスタグラムは、現在最も力を入れているＳＮＳです。どのように森美術館が運用しているか、その裏側をお伝えすることで、みなさんのＳＮＳ運用のヒントになれば幸いです。

第4章

「森美術館流」インスタ&ツイッター活用術

フォロワー数急増の秘訣は「特殊な広告」にあり

私は現在、3つのSNS（ツイッター、フェイスブック、インスタグラム）のうち、インスタグラムに注目しています。

森美術館がインスタグラムを開始したのは、2015年。当時、インスタグラムをやっていた美術館は、都内では、山種美術館さんや、それ以外では、箱根のポーラ美術館さんくらいだったと記憶しています。

当時、インスタグラムには、ツイッターでいうところのリツイート機能や、フェイスブックのシェアのような機能がありませんでした。公式アカウントからの投稿の二次的な拡散が限定されることがわかっていたので、当初は「まだやらなくてもいいかな」と否定的に思っていました。

ただ、海外での急速なユーザーの拡大と、国内の美術館のほとんどがインスタグラムに手をつけることができていないという点で、別の魅力を感じていました。いち早く森美術館が、このSNSのシェア（市場占有率）を広げておきたいと思ったのです。

やがて、インスタグラムを手がける美術館は徐々に増えてきました。しかし、ツイッターやフェイスブックに比べると、まだ少ないのが現状です。おそらく写真をメインに投稿するビジュアルタイプのＳＮＳであるインスタグラムに、展覧会に関する画像を出すことになると、美術館側の撮影規則や著作権などの問題が出てくるからでしょう。導入が難しい環境が背景にあると、担当者なりに推測しています。

一方、フェイスブックは近年、影響力が低下しています。今後は日本でも、インスタグラムがツイッターに次ぐ第二のポジションを奪うのではないかと思っています。

次ページの図は、森美術館のＳＮＳフォロワー数の推移です。インスタグラムがフェイスブックを猛追していることが、おわかりいただけると思います。２０１９年5月10日現在、インスタグラムのフォロワーが11万９９００人、フェイスブックのフォロワーが12万１５０人ですから、その差は２５０人。このペースで推移すると、間もなくインスタグラムが第二のポジションにおさまります。

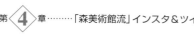

特に２０１８年に入ってから、フォロワー数が急激に上昇していることがグラフからわかると思います。いったい何があったのか？　要因のひとつとして考えられるのは、この急上昇した時期と「レアンドロ・エルリッヒ展」が重なっていることです。

来館者によって投稿された「レアンドロ・エルリッヒ展」のポストには、森美術館のジ

▶森美術館のSNSフォロワー数推移

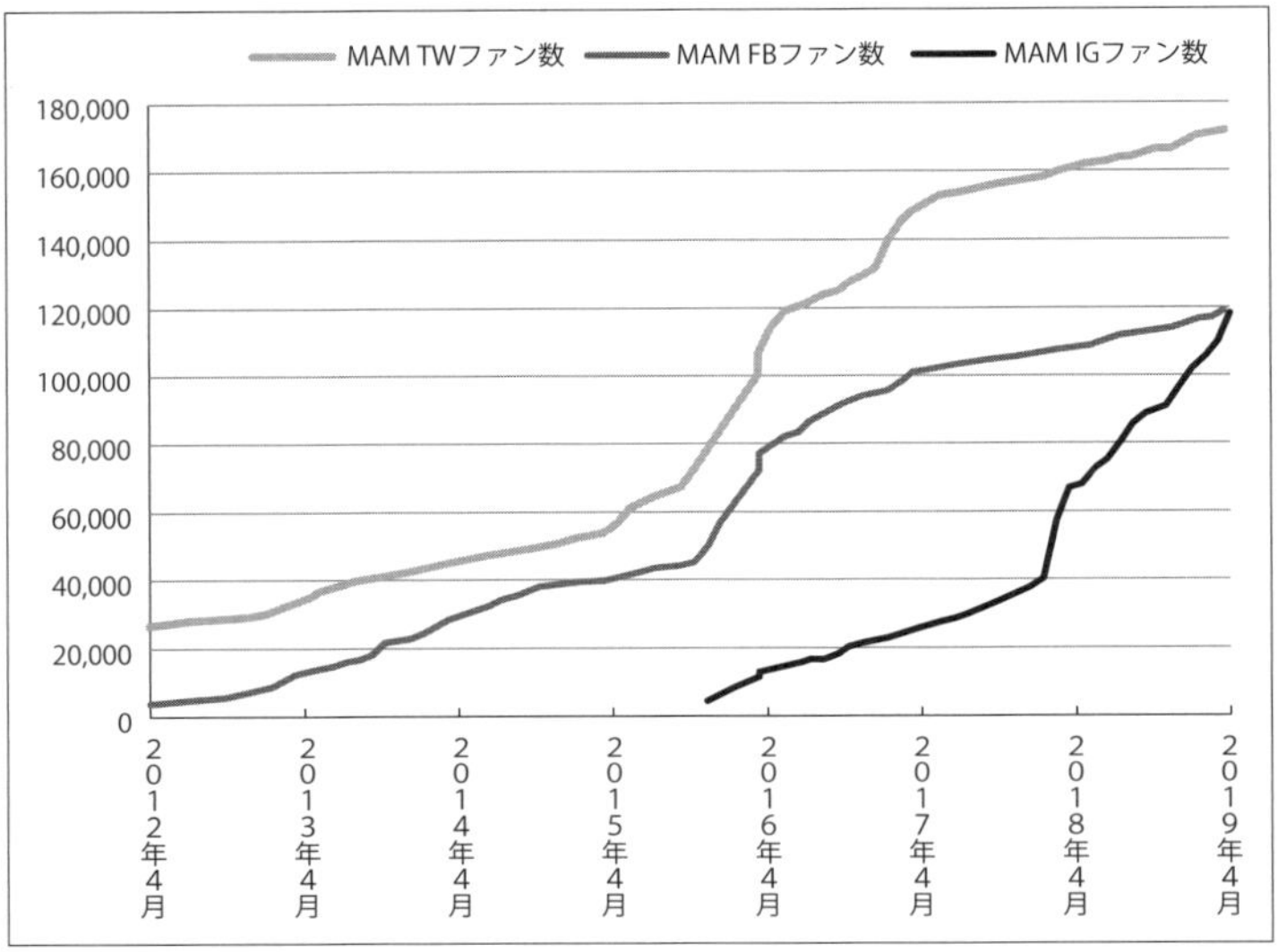

オタグ（撮影場所をタグづけすること）がつけられていることが多くあったのです。ジオタグは森美術館の公式アカウントのリンクにもなりますから、自然と森美術館のアカウントの認知が上がり、フォローにつながったのだと思います。

それから、もうひとつ、ちょっとした広告を打ちました。実はこのとき思いついた特殊なＳＮＳ広告こそが、急上昇のきっかけにもなっています。

その「特殊な広告」とは、**広告のリンク先を、公式インスタグラムアカウントのトップページに誘導したこと**です。通常のＳＮＳ広告は、投稿自体の拡散を狙うものです。またウェブサイトへの誘導も広告の主なルートです。たとえば、「レアンドロ・エルリッヒ展」の公式サイトはこちら、とリンクで飛ばす設定をして、公式サイトに誘導するのです。

インスタグラムアカウントのトップへ飛ばす広告は、どちらにも当てはまりません。インスタグラムアカウントのトップページに飛ばせば、これがどういうアカウントなのかが一目瞭然になりますし、そこに展覧会の画像が並んでいます。ここで興味を持ってくれた人は「フォローする」のボタンを押してくれると思ったのです。

広告のリンク先を公式インスタグラムアカウントのトップページに誘導する「特殊な広告」を打った

この試みは大成功しました。フォロワー数が、急上昇したのです。当時、この技に気づいている人はあまりいなかったと思います。フォロワー数を増やしたいという熱意があるかどうかで、こうしたひらめきが生まれるのかもしれません。

当時は、インスタグラムのフォロワ

ーを増やす公式の広告メニューがなかったので、この手法は画期的な技でした。その後、すぐに公式の広告メニューが実装されたことで、この手法をとる必要はなくなりましたが、なかなかエキサイティングな経験でした。

「キーワード検索」からユーザーの声を聞く

森美術館では、SNSの分析ツールを導入しています。少々の費用がかかりますが、ツイッター、フェイスブック、インスタグラムの運用状況をかなり明確に把握することができます。

男女比、地域、デバイスなど、さまざまな情報が得られますが、特に気にしているのは**フォロワーがどんなことに興味を持っているか**、です。ツイッターのプロフィール欄に出てくる単語を自動収集して、頻度の高いものから表示してくれる機能があるのですが、私はこれをよく見ています。

たとえば、「カタストロフと美術のちから」という言葉を含むツイートをした人を検索してみると、映画、音楽、アートなどを好む人が多いことがひと目でわかります。SNSで有料広告を打つときは、ここで得られた情報をもとにターゲティングして、効果が最大

ツイッターの発言ユーザーのプロフィールマイニングを活用する（Social Insightより）

限になるよう工夫しています。

どの投稿でどれだけフォロワーが増えたか、というのも重要です。ツイッターのフォロワーは1日当たり40〜75人のペースで増えているのですが、たまにこれよりも多く増えるときがあります。そういうときは、その日の投稿のどこがよかったかを分析して、次の投稿に活かすようにしています。

また、インスタグラムの場合は通常投稿をそのままシェアする機能がないので、「**いつ投稿するか**」が非常に重要になります。森美術館の場合、一番効果的なのは通勤時間と、夜の時間です。具体的には、朝の7〜8時、夜の18〜19時と、22〜23時くらいに投稿するようにしています。最も多くの方がスマートフォンを見る時間に設定しています。

ここまで分析ツールについてお話ししてきました

が、もっと私が重要視しているものがあります。それは**ツイッターのキーワード検索**です。デジタルマーケティングの世界ではソーシャルリスニングといって、ひたすらユーザーの声を拾ってくる手法です。私はマーケティングで、生の声ほど大切にすべきものはないと思っています。

検索する単語は「森美術館」や、そのとき開催している展覧会名です。どんな人がどんなことをつぶやいているかを、ずっと追いかけています。調べているキーワードに関係のあるトレンドを、偶然、発見することもあります。専用の分析ツールがあれば、より高度に収集できますが、ツールがなくてもツイッター検索で調べることもできます。誰でもすぐに実践できるのがいいところです。

集めたツイートは、ポジティブな意見、ネガティブな意見、中立の意見に分けて、社内で共有しています。ただ、ありがたいことに展覧会に関する否定的な意見は少なく、膨大なツイートの中から探すのに苦労するくらいです。

投稿によってはリツイートさせていただくこともあります。森美術館のフォロワーは約17万人いますから、きっと相手も何かを感じてくれていると思っています。ただ、リツイートばかりになってしまうと、森美術館の投稿が読みたくてフォローしてくれている人が離れてしまう恐れがあります。バランスが大切です。

リツイートできない場合は、感謝の意味を込めて「いいね」をつけることもあります。画面の向こうには血の通った人間がいる、とお話ししてきました。素敵な感想や、参考になる意見を投稿してくれた人には、直接会ってお礼はできないけれど、「いいね」をつけることで感謝の気持ちを表しています。

公式アカウントから「いいね」がついたら、おそらく少しでも喜んでくれるのではないかと勝手に思っています。「森美術館についてつぶやいてよかった」と思ってもらうことも、重要なことだと思います。

炎上しないための「4S」と「チェック機能」

最近、ネットニュースなどで「炎上」がたびたび話題になっています。ＳＮＳでのちょっとした失言が、世間を騒がす一大事になるかもしれないのです。

美術館という文化施設の性質かもしれませんが、炎上することはほとんどありません。ただし、ブランドやレピュテーション（評判）を守るためにも、ＳＮＳに投稿するときに気をつけている話題があります。それが次の４つです。

①政治や思想についての個人的な感想
②スポーツ（特に試合結果など）についての意見
③宗教について
④性について

これらはSNSを扱う担当者が、投稿の際に常に気にしておきたい頭文字をとって「4S」と呼ばれている話題です。

これらの話題は炎上のもとなので、基本的には触れません。スポーツなどは「なぜいけないの？」と思う人もいるかもしれませんが、スポーツには勝ち負けがあります。勝った側のアンチファンも、相当数いらっしゃるわけです。

政治に関する話題も同じです。特に現代アートの場合、政治的なメッセージ性のある作品を扱うこともありますので、情報発信する際は非常に注意を払います。

意図して炎上を起こすアカウントは別ですが、炎上させてしまうアカウントは、画面の向こう側にいる相手の気持ちが見えていない傾向があります。自分の「言いたい」という欲求だけで投稿してしまう。インプレッションを見ていると、何気ない投稿でもみんなが読んでくれていることがわかります。その先に人がいる、と意識することが大切です。

以前、あるSNSアカウントを管理されている方から相談をもらったことがあります。ツイートした内容に誤りがあり、しかも運の悪いことに、担当者が不在の週末に多数のユーザーから指摘を受けたのです。その指摘を放置したことで炎上してしまい、月曜に気づいたときにはもう手がつけられない状況だったということでした。

なぜ炎上してしまったのか？　原因は2つあると思います。

ひとつはすぐに修正できなかったこと。間違った情報に対する指摘を受けたときに、すぐ気がついて謝罪し訂正すれば、火は出なかったでしょう。しかし意図していなくても、放置状態になってしまったことで、間違ったツイートを肯定しているように思われてしまったのです。

相手が怒っている、意見してくれているのに無視していたら、ますます怒りは燃え上がるでしょう。その場できちんと訂正しておわびすれば、何も起こらなかったかもしれません。放置がまずいのです。

もうひとつは、チェック機能です。もし担当者がすぐに異変に気づいていたら、炎上にはならなかったでしょう。

企業のＳＮＳ担当者でも、週末や祝日、長期休暇のときは、ついＳＮＳから目を離してしまいがちです。しかし、ユーザーには週末も祝日も関係ありません。休日に何かあった場合に、手を打つ方法を検討しておいたほうがよいと思います。

チェックだけなら10秒でできます。せめて担当者が一瞬だけでもチェックできれば、リスクは下がります。自分のアカウントが「平常運転」しているか、ちょっとスマートフォンで確認するだけでいいのです。ちなみに私は、森美術館のアカウントのチェックだけでなく、ツイッターのトレンドのチェックが日課です。

多くのファンを抱える企業ＳＮＳアカウントの管理者は、ファンの最前線に立っているわけですから、こういう感覚も多少持っておく必要があると思います。

特徴を把握してＳＮＳを使い分ける

ツイッター、フェイスブック、インスタグラムと、３つもＳＮＳをやるのは大変ではないですか、とよく聞かれます。実際のところ、大変です。

個人のアカウントと違い、企業や組織の公式アカウントをスタートしたら、簡単に止めることはできません。そのうえ、それぞれの特性を把握して、使い分けないといけないのです。

ツイッターの一番の特徴は、リツイートの機能があることです。そのため、1つの投稿が猛烈に拡散することがあります。一方、インスタグラムにはリツイートのような機能がありません。ところが、1つの投稿に「いいね」が3000くらいつくことがあります。

インスタグラムは視覚的なSNSなので、美術館に合っていることもあるでしょう。しかし、こんなにいいねがつくことは、ツイッターでは起きえません。フェイスブックが好調のときでも、「1000いいね」をとることができたら大成功という感じでした。「濃さ」でいえば、インスタグラムが断然上なのです。

口コミで拡散したいならツイッター、ファンとのつながりを強めたいならインスタグラム、ピンポイントでファンに情報を届けるときにはフェイスブック。放射状に広げるか、直線的に深めるか。大まかにいえば、こんなイメージで使い分ければよいかもしれません。

年齢層でいうと、森美術館のツイッターフォロワーは、20代、30代が半々くらい。インスタグラムは20代から30代前半の女性が多め、といったイメージです。ちなみに、フェイスブックは20代は少なめ、30代が多く、40～60代まで使われています。

ではこの3つに続く、第四のSNSは何なのか。その候補に「LINE」があります。

最近、ＬＩＮＥでクーポンを配信する企業が増えており、それに伴い企業アカウントをフォローするユーザーも増えているようです。

しかし森美術館では、２０１９年5月の段階ではまだ様子見です。というのも、現行の仕様では、ＬＩＮＥはフォロワーの上限が決まっていて、一定以上のファンを増やそうとすると、費用が発生する仕組みだからです。予算を投じなければならないので、すぐには手を出せません。

この仕組みと、その効果を見極めながら、今後もリサーチを重ねていきたいと思っています。

インスタで重視される「統一感」と「リアリティ」

森美術館の場合、ツイッターとフェイスブックの投稿内容は、共通する部分が多いです。ただツイッターはよりコンパクトに、フェイスブックはより読ませるものに、という違いを持たせています。

しかし、インスタグラムではがらっと変えています。前述したように、ツイッターは情報の拡散のため、インスタグラムはファンとのつながりを強くするため、という違いがあ

インスタグラム開始当初は、森美術館の正面にあるエスカレーターの動画を投稿するなど、試行錯誤の連続だった

るからです。なので、ツイッターで投稿した写真の流用はほとんどしません。

ところが、インスタグラムを始めた当初はその違いがわかっておらず、なかなか有効な使い方ができていませんでした。

当時の投稿を見ると、森美術館の正面にあるエスカレーターの動画を撮ってみたり、六本木ヒルズの水景を撮ってみたり、どうしていいか手探り状態だった記憶があります。毎日がトライアンドエラーの時期でした。

初めて手応えを感じたのは、世界的に活躍されている日本を

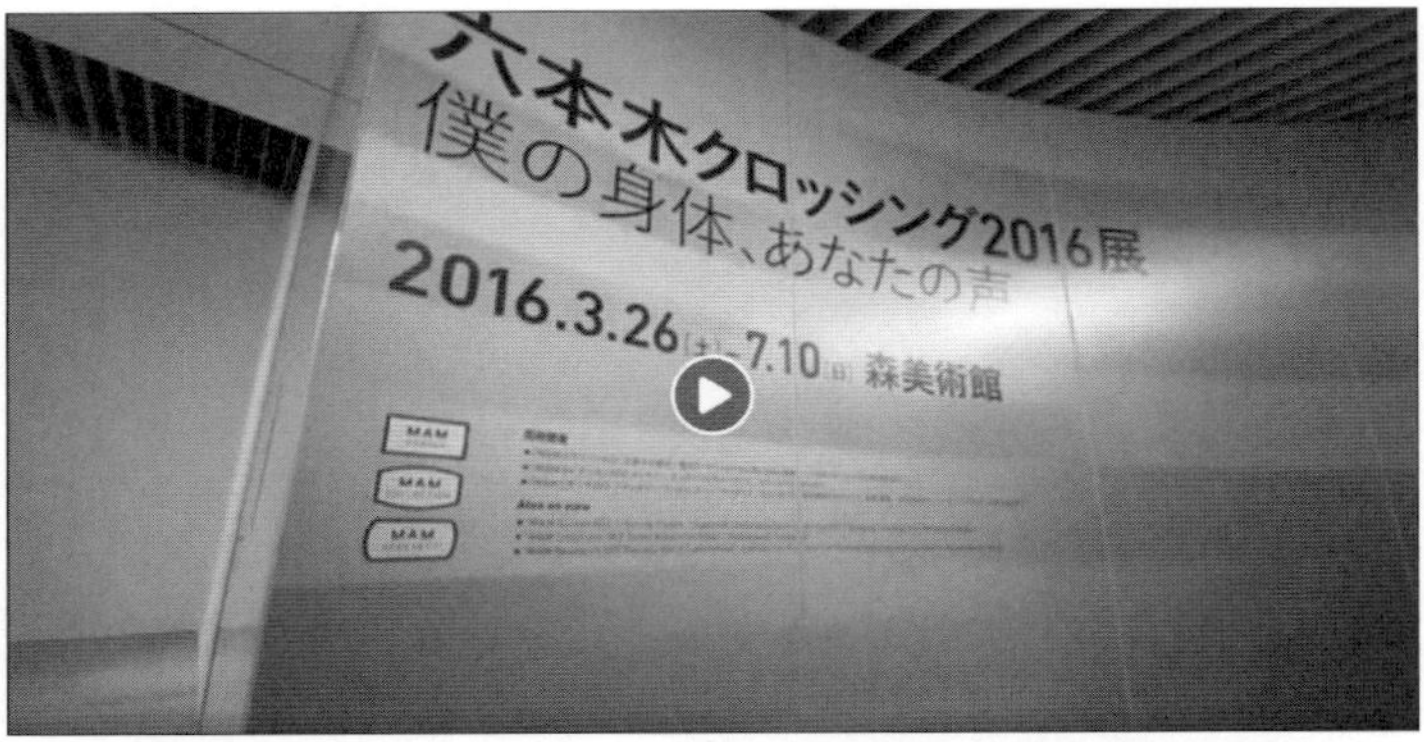

「六本木クロッシング2016展」では、出展アーティスト20組の動画をそれぞれ１本ずつ制作し、SNSに投稿した

代表する現代美術家、村上隆さんの国内では14年ぶりとなる大規模個展「村上隆の五百羅漢図展」のときでした。ファンからの注目度も高く、投稿すると強い反応が返ってきました。

ただこのときは、インスタグラムの性質の理解というよりも、展覧会を紹介することで精いっぱいで、森美術館のＳＮＳが、村上さんの作品の力で助けてもらっていたような気がします。

次の展覧会は、「六本木クロッシング２０１６展」というグループ展でした。このとき、インスタグラムのフォロワーがジワリと減少する、という初めての現象が起きました。

このときのＳＮＳで何をやっていたかといえば、「六本木クロッシング２０１６展」の出展アーティスト、20組の動画をそれぞれ１本ずつ制作して、ツイッター、フェイスブック、インスタグラムに投稿していく作業を進めていました。

それぞれのアーティストの認知を最大限に高めていくことを目的に、短い告知用の動画を作って、アーティストや作品の魅力を発信していたのです。フェイスブックは動画を見てもらえる環境だったので反応はよかったのですが、インスタグラムでの反応がよくありません。それどころか、フォロワーが少しずつ減っていくのです。


なぜこのようなことが起こったのか。しばらく分析しましたが、原因は動画の投稿のやり方が問題でした。SNSは現在、動画など目立つコンテンツが全盛の時代です。確かにフェイスブックでは反応がいい。ではなぜ、インスタグラムでは受け入れられないのか？

ツイッターとフェイスブックに慣れていたせいで、インスタグラムでも同様に、タイムラインを意識して動画を投稿していました。これが問題でした。

たとえばツイッターやフェイスブックは、タイムラインに流れてくる投稿を見て、いいと思えば「いいね」やシェアをします。しかし、インスタグラムの場合、ユーザーは主にトップページでアカウントを評価している傾向が強かったのです。

つまり、森美術館のインスタグラムのトップ画面が、動画のサムネイル画面（動画の一部を切り取った画像）で埋め尽くされていたことが原因というわけです。この件でインスタグラムは、**「トップページの統一感や美観」が非常に重要**なのだと知りました。【口絵写真16】は、現在の森美術館のインスタグラムのトップページです。インスタグラムは、このトップページを「きれいにする」ことが大切なのです。

「きれい」というのは感覚的なもので説明が難しいのですが、「統一感を出す」と表現したほうがよいかもしれません。自分で最初にテーマを決めて、そこからブレない投稿をする、ということです。色味をそろえる、構図をそろえる、縦の写真と横の写真を混在させないのもポイントかもしれません。

試しに、人気のあるインスタグラマーのトップページを観察してみてください。「統一感」とはどういうことなのか、きっとおわかりになると思います。

ただ、森美術館の場合は、年間数回の異なる企画展をやっていることや、さまざまな制約があり、統一感を出すことに苦労しています。

画像は、ほとんど撮ったままの状態で投稿します。「作品を改変しない」というクリエイティブ・コモンズのルールに沿って、そのままをポストするスタンスです。

画像にクレジットを入れなければならない、あるいは作品全体が写っていなければならないなど、制約の厳しいものもあります。まさに美術館ＳＮＳならではの難しさ、思わぬハードルがたくさんあります。

トップページがいかに大切か、おわかりいただけたと思います。では、ここに動画が交じったらどうなるか？　統一感が失われてしまいます。

写真は最高の一瞬を切り取ったもの。しかし、動画のサムネイルは必ずしも最高の一瞬を切り取っていません。写真と比べて画質が劣化することも、きれいに見えない原因のひとつだと思います。

森美術館のインスタグラムでは、ここでいったん動画を上げるのは控えようと判断し、写真中心の投稿へと切り替えました。すると直後、ある写真が強力に拡散したのです。

「六本木クロッシング2016展」の出展アーティストの片山真理さんが最終日に来館された際に撮影した写真が一瞬で1,130もの「いいね」を集めた

上の写真は、「六本木クロッシング２０１６展」の出展アーティストの片山真理さんが最終日に来館された際に撮らせてもらったものです。これが一瞬で１１３０もの「いいね」を集めました。

このとき、改めてわかりました。時間と

「レアンドロ・エルリッヒ展」では、アーティスト本人が来館した際の様子を投稿した

費用をかけて動画を次々と投稿していたけれど、受け手側のユーザーと大きなズレがあったのかもしれないと。

インスタグラムでは、こうしたリアリティのある写真が好まれます。たとえば「レアンドロ・エルリッヒ展」では、アーティスト本人が森美術館に来館した際の様子を撮らせてもらいました。

ツイッターやフェイスブックだと、なかなかどうしてこのような温度感が出せないのです。しかしインスタグラムでは、生身の飾らない写真こそが「味」になる。不思議なツールだとつくづく思います。

これからは動画の時代！

近ごろよく、「これからは動画の時代」「GIFアニメーションを作って見せるといいですよ」など、動画の活用を勧める声を聞くようになりました。私自身、こうした営業を受けることがありますし、セミナーでもよく耳にします。

しかし私は、ちょっと懐疑的に見ています。

SNSは「秒の戦い」だとお伝えしました。タイムラインで人の心を一瞬でつかんでインプレッションをとるには、**最高の一瞬を切り取った写真のほうがこの「戦い」に有利**だと私は考えています。

一方、動画を見るには、一瞬とはいきません。1秒で動画の内容を伝えるのはさすがに無理です。現代の忙しいみなさんに、それを見てもらえる時間はあるのかと考えると、ちょっとどうだろうと思うのです。

今後、SNS経由で配信される情報量はもっと増えていくでしょう。「秒の戦い」が「0・1秒の戦い」、さらに「0・01秒の戦い」になる時代も近いかもしれません。後ほど述べますが、「ストーリーズ」ではすでにそのようになってきています。となると、なおのこと画像の優先順位が上がるのではないかと思うのです。

また、動画を作る、準備する側に目を向けると、その裏にはそれなりの予算と人手が必要です。企業SNSでは、スマートフォンで簡単に撮ったムービーを流すことはなかなかできません。

森美術館でも、「六本木クロッシング2016展」で作った20本の動画は、動画制作会社のディレクターとあれこれ議論しながら制作したものです。バイリンガルの字幕を入れたり、アーティストに出演してもらって閉館後の会場で撮ったりと、見せ方の工夫を凝らし、完成度を上げました。

おかげで素晴らしい動画をたくさん作ることができましたし、私も映像制作の現場を経験できました。森美術館としては思い切った施策だったと思います。

でも思い出してください、**予算や人手がなくても、知恵と工夫次第で戦える**のがSNSのよいところ。果たして見せ方や工夫が進歩し続ける「動画」を、どの企業も投稿し続けていくことが可能なのでしょうか。

今後は素早く、低コストで映像を作っていくスキルも必要になってくるかもしれません。ただ、いまのところ写真で済んでしまうことも多いのです。

私は、「ティック・トック」「17 Live」など、いま流行りの動画SNSで美術館のアカウントを作ることは、いまのところ考えていません。

もちろん、ティック・トックで森美術館を紹介してもらえるのは大歓迎です。しかし、ティック・トックの主役はあくまで「自分」。ツイッターやインスタグラムが「こんなおいしいケーキを食べました、だからみんなも食べてごらん」だとしたら、ティック・トックは「おいしいケーキを食べている自分を、どれだけかわいく撮れるかどうか」を競っている印象です。

つまり、どちらかといえばユーザー側だけで完結していて、他者との共有というよりも、競い合いのようになっている気もします。「伝えたい情報を拡散する」というのが公式アカウントの使命ですから、この流れでは手を出しにくいのが現状です。

動画を投稿したいなら「ストーリーズ」に

動画を投稿したい場合は、インスタグラムやフェイスブックの「**ストーリーズ**」が手軽で扱いやすく、お勧めです。1日で消えてしまうストーリーズなら、大切なトップページの統一感やタイムラインの見え方を心配する必要もありません。

画面のサイドをタップするだけで、次の投稿が素早く出てくるため、24時間限定という性質とも合わさってリアルタイム感が表現できます。

ストーリーズについては、通常のお知らせとともに、少し変わった使い方をしています。

新しい投稿をしたときに、同じ写真をストーリーズにも上げ、「New Post」と添えるのです。新しい投稿をしましたよ、というお知らせとしての使い方もできます。

インスタグラムではなかなか難易度が高い動画ですが、フェイスブックでは相性がよく、動画投稿が拡散する傾向にあります。

フェイスブックはツイッターと違い、すべてのフォロワーに投稿が届かない仕組みになっています。特に企業ページはかなりの絞りをかけられていて、5パーセントから、よくて10パーセントぐらい。つまり1万人のフォロワーがいるとしたら、たった500人ぐらいにしか表示されないのです。最近では、さらに絞られている気がしています。これは企業のSNS担当者共通の悩みです。

フェイスブックの投稿は、まず一部のフォロワーに表示され、その結果次第で拡散の規模が判断されています。投稿後、数時間以内の「いいね」やシェアの数、コメント数などが自動で評価されて、「その投稿は内容がよい」と判断されれば、より多くのフォロワーへ投稿が届くのです。

つまりフェイスブックの場合は、**「いいね」やシェアをたくさんされるエンゲージメン**

トの獲得と、その反応を得る速さが重要なのです。

ただし、ここにちょっとしたポイントがあります。「動画」を投稿した場合、フェイスブック側での「絞り」が、画像やテキストのみの投稿よりも緩和されているようなのです。最初から届く範囲が広いため、初速が速く、拡散される可能性が高いのです。

動画投稿を活発にタイムラインに流したい、フェイスブック側の狙いがあるのかもしれませんが、こうした流れには進んで乗ったほうがよいのです。

さて、次は動画の見せ方についてお話ししましょう。私は、フェイスブックで動画を投稿するときは、**「動画の最初の5秒」を見てもらうにはどうすればよいか、**ということを主に考えています。

次ページの図のようにフェイスブックでは、投稿された動画が最後まで見られたのか、何秒で離脱されたのか、簡単に分析できるようになっています。

これまでたくさんの動画を作っては投稿をしてきましたが、1つの動画投稿が、最後まで見てもらえる割合はほんの数パーセント。実は最初の5秒から10秒ぐらいまでで、過半数のユーザーが離脱します。

ということは、冒頭の5秒ぐらいのところで、そのあとも見続けようか、止めて離脱す

▶フェイスブック：時間ごとの動画視聴維持グラフ

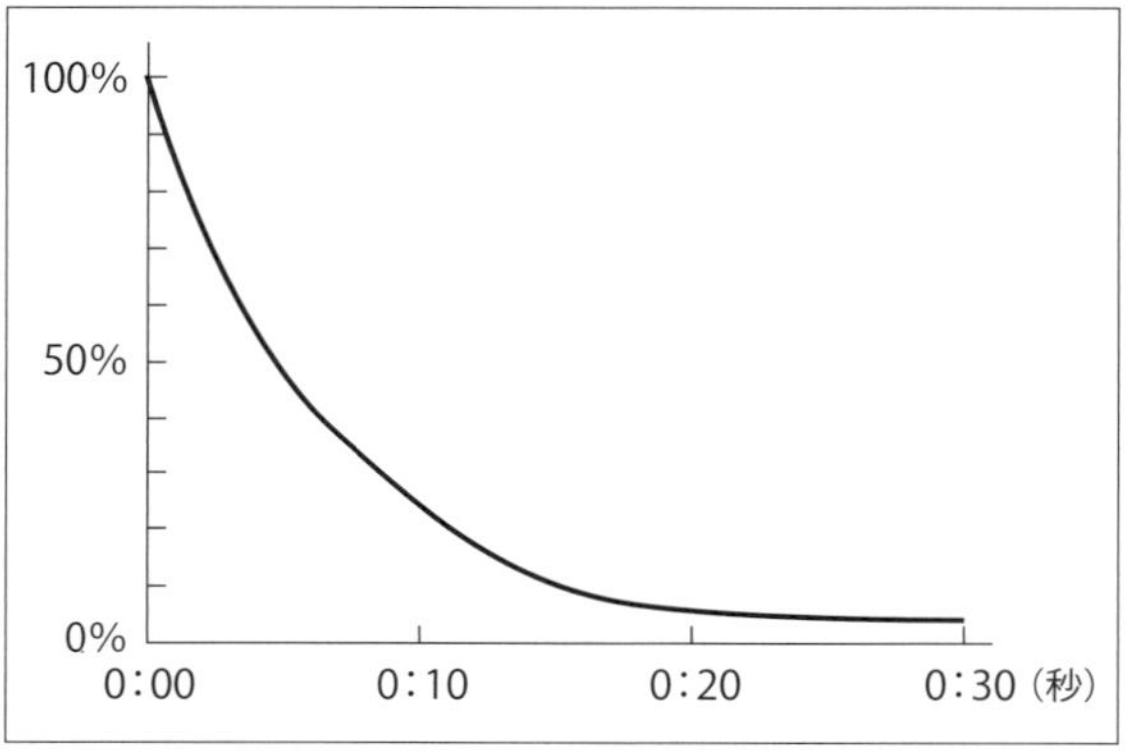

るかを判断されているということです。

だとすれば、動画を制作するうえでのコツはたった1つ。**とにかく、出だしで理解できるようにしておくこと。**再生開始からなるべく動きをつけて、結論から見せることです。

少しでも静止している、または動いていてもスローな動きから始まれば、すぐに飛ばされてしまいます。森美術館のフェイスブックには、過去の動画がすべてアーカイブされているので、ぜひチェックしてみてください。

このことに気づいたのは、「村上隆の五百羅漢図展」のときでした。村上隆さんが、展覧会の予告ムービーを独自に制作され、展覧会の告知トレイラーとしてご提供くださったのです。

その映像のクオリティがすさまじく、最初の数秒でワクワクさせられる内容でした。森美術館のフェイスブックから投稿したら、見たことのない勢いで拡散しました。フェイスブックだけで再生回数、25万回を記録しました。

なぜ、このムービーがこれほど拡散したのか？　何度もこの映像を見返しましたが、やはり「最初の5秒」に理由があると、私は分析しています。カットがコンマ数秒で切り替わり、村上さんが作品を制作する場面で走り回っている。出だしから画面に動きがあります。

そして、心地よくもテンポの速いBGMが流れている。スマートフォンを操作する指を止め、反応を得るには、動画の出だしの「動き」がポイントだと私は考えています。

40パーセントの浮動層の背中を押すには？

美術館に来てくださったお客さんを、いかにリピーターにするか。それもSNS担当者に課せられた使命です。

来館者の方にお願いしているアンケートに、「森美術館に来たのは何回目ですか？」という質問があります。「レアンドロ・エルリッヒ展」のときは、54パーセントの方が「初めて」と答えました。どの展覧会でも、おおむね新規の方とリピーターの方の割合は半々くらいです。

以前、あるビール会社のマーケティング担当の方に話を聞いたときも、同じようなことを言っていました。同じ会社のビールを1年間飲み続けている人が、では翌年も飲むかといえば、半数近くが別のビール会社に乗り換えるそうです。リピーターをつなぎ止めるのは、それほど大変なことなのです。

にもかかわらず、前年比を超える売上を保ち続けているのはなぜかといえば、新規のお客さんを、離脱した人以上に獲得し続けているからです。森美術館は数カ月ごとに企画展が切り替わるので、さらにファンの内訳が複雑ですが、ビール会社の例と同じではないかと思います。

森美術館のお客さんを4つに分けると、次のようになります。

①どんな展覧会でも毎回必ず来てくれるアートファン　10パーセント
②興味ある展覧会には来てくれるリピーター　20パーセント
③面白そうだと思ったら来てくれる層　40パーセント
④興味は薄いがきっかけがあれば来る層　30パーセント

▶森美術館に来館されるお客さんの割合

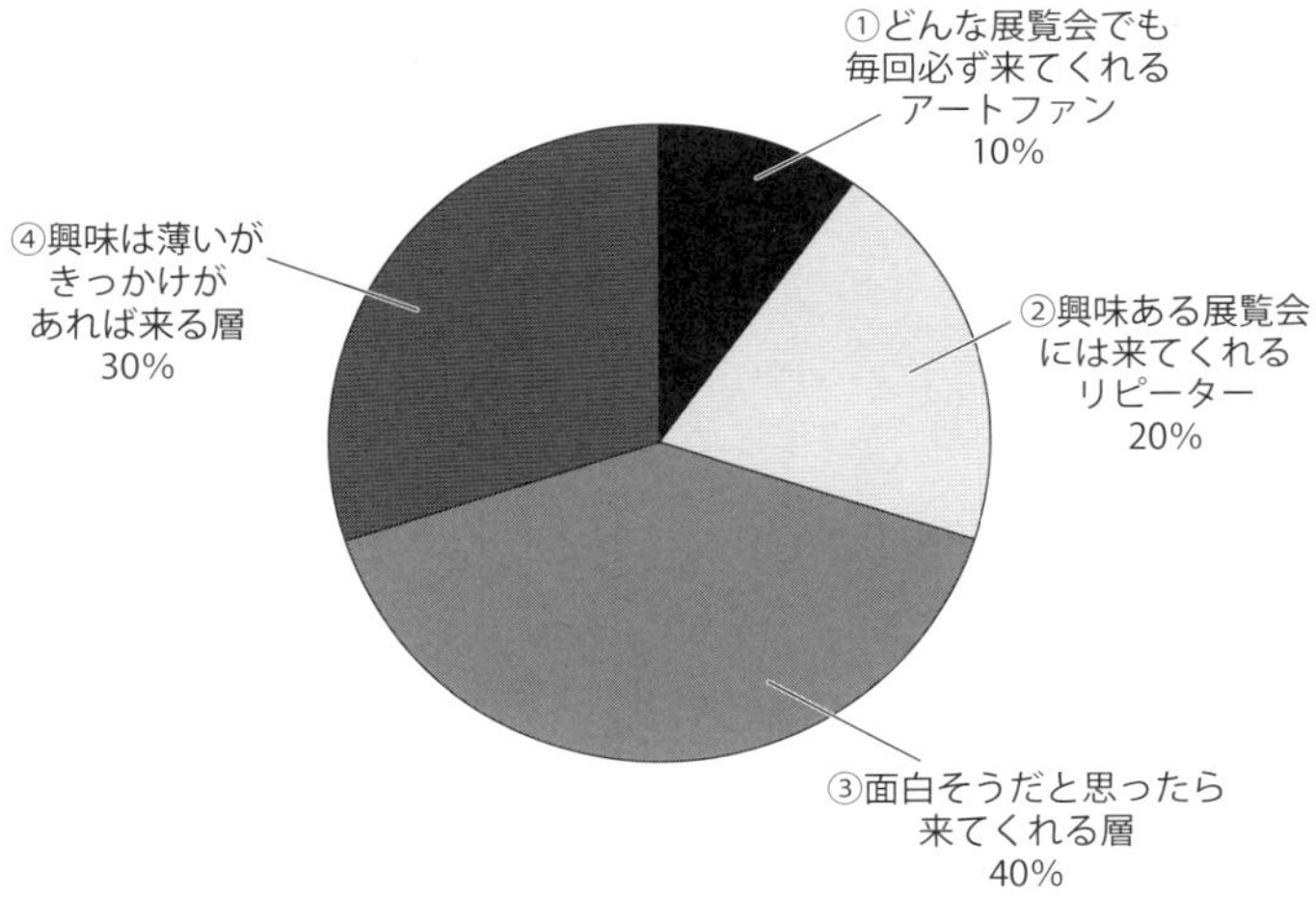

①と②は、森美術館の情報を能動的にとりにきてくれる方々です。いまどのような展覧会が開催されているのか、会期はいつまでなのか、自ら調べて積極的に来館してくれます。

対して③と④は、受動的な方々です。SNSの施策では特に、**③のお客さんに来てもらえるように手を打つことが大切**だと思っています。この層が来館につながると、マーケティング的にも展覧会的にも成功です。どんな情報が③の人たちのSNSのタイムラインに流れてきたら、「行ってみようかな」と思ってもらえるか。そのことを想像しながら投稿しています。

SNSは、1つの投稿で急激に来館者が伸びることはありません。日々の積み重ねで、じわじわと来館者数に反映されていきます。確実にペースアップをしてくれるのがSNSの特徴なのです。

一方、急激に来館者が伸びるのはテレビです。昨今、「若者のテレビ離れ」が叫ばれているように、視聴者自体は減っているのかもしれませんが、人を動かす力はいまも健在です。「テレビで紹介されていたから行ってみよう」と思わせる、不思議な力がある気がします。

とりわけ情報番組やニュース番組で取り上げられると、放送翌日から来館者が目に見えて増えます。番組の放送のタイミングにもよりますが、その瞬間の最大風速は相当なものです。先ほどの③の層を含めて、①・②・③の人たちが一斉に動くのです。これは、偶然的に情報に出会うことができるテレビならではの特徴です。

ただ、テレビだけでは、ここまで反応が出ないと思っています。事前にスマートフォンやパソコンから情報を得ていたから、テレビで紹介された情報に反応したのだと思います。つまり、情報を得ていながらステイしていたところを、テレビが背中を押したと考えています。そうでないと、テレビで紹介されたもののすべてが大ヒットになってしまいます。

SNSで認知を確実にとりながら、テレビなどの別メディアでリーチする。この二段階によって、人は動くと思うのです。ＳＮＳだけでも戦えますが、より有利に進めるためにはメディアミックスも戦略として大切なのです。

第5章

テクニックより はるかに大切なこと

個人アカウントでの「実験」が仕事にもつながる

ここまで読まれて意外に思われるかもしれませんが、私は別段「新しもの好き」ではありません。いったいどんな新しい機能を搭載して世に出てきたのか、研究しないと心配なだけです。

そのせいで、ミクシィ、ツイッター、フェイスブック、グーグルプラス、タンブラー、リンクトイン、フォースクエア、インスタグラム、ティック・トック、エイトなど、新しいSNS類が出るたびに試してきました。

何が面白いのか、どんな特徴があるのか、やってみないとわかりません。先入観を持たずにひととおり触ってきた経験が、とても役立っています。

個人のアカウントも、企業のアカウントも、大事なことは変わりません。文章は読まれにくいことを心得る、画面の向こうの相手を生身の人間として見る、自己満足の投稿をしない、伝わるように見出しをつける、見せたい写真は1枚か2枚に絞る……。

個人でやっていたときと変わらないので、SNSの担当になったときも、どうすればいいか最初から何となくわかっていました。

著者個人のインスタグラムのトップページ

あまり人には言っていませんが、いまも個人アカウントでいろいろな実験をしています。たとえばインスタグラムの個人アカウントでは、ビルなどの建築写真ばかりを投稿しています。これが意外と好評で、現在、3000人を超えるフォロワーがついています。

建築写真ばかり投稿しているのは、単に私が「建築好き」という理由もありますが、先ほどお伝えしたように、トップページに統一感を出す実験をしているためです。正直、違うものを投稿したいときもあります。

最近は、モノクロ↓モノクロ↓カラー↓モノクロ↓モノクロ↓カラー……の順番で投稿するように工夫をしています。インスタグラムのトップページは1列に3枚の写真が並ぶので、中央の写真がカラー、左右の写真がモノクロという構図になります。実際に見てもらうとよくわかるのですが、この順番を守ることで、さらに統一感が生まれます。

私も多くの人と同じく、インスタグラムを開始した当初は手探り状態でした。しかし、ビルの写真を上げると反応がよかったので、そのまま建築専門のアカウントにしたところ、フォロワー数が倍になったのです。やはり統一感と、トップページをきれいに整えることは大事なことだと確信しています。

ただこれは、趣味半分であれこれ実験しているだけなので、プライベートな個人アカウントの場合は、旅行の写真、ペットの写真、デザートの写真、ファッションの写真など、好きな写真を好きなように載せたらいいと思います。何も意識しないで、自分の好きな写真を投稿することは大切です。当たり前ですが、ＳＮＳを思いのままに楽しむことは、幸せなことです。

その中で、少しでも統一感や、何かに特化していることがひと目でわかるように表現できると、ファンが少しずつついてくるでしょう。

ＳＮＳ疲れのときこそ「無想の一撃」のチャンス

管理しているＳＮＳの状況と反応を分析する。海外ミュージアムのＳＮＳ、国内企業のＳＮＳをウォッチする。そして、ＳＮＳに投稿する内容を考える。

いま流行りの「ＳＮＳ疲れ」という言葉が、ぴったり当てはまりそうな毎日です。

私の仕事はＳＮＳだけではありません。次の展覧会、その次の展覧会のプロモーション戦略やプランもあれこれ企画しています。

私自身、この「ＳＮＳ疲れ」という言葉には共感を覚えます。誰もが多かれ少なかれ感じる、SNS由来の疲労感。SNSが人対人のツールであるがゆえに、どうしても神経を使います。企業SNSの担当者など、SNSの運用を仕事にしている方は、さまざまな責任もあって、さらに「SNS疲れ」を感じていることでしょう。

「SNS疲れ」には、さまざまな解決方法があると思いますが、私なりに会得した解決方法は、**「SNS疲れを利用する」**ことです。

投稿内容のアイデアが尽きてしまったり、投稿の分析や、エゴサーチをして多くの情報にさらされたりすると、さすがに疲れてくることがあります。そんな「SNS疲れ」で頭が真っ白になっているときこそ、無理やりアイデアを絞り出して投稿をすることにしています。

一見、矛盾しているようですが、こういうときにこそ「無想の一撃」のような投稿が生まれたりします。何かを考えすぎることなく、脳の力が抜けたときに、日ごろ出せなかった投稿が生まれるのです。

SNSから逃れようとするのではなく、むしろその中に入っていく。すると、考えすぎない純粋な投稿ができる。このように、「SNS疲れ」がチャンスになることもあるのです。

「中の人」が人気者になる必要はない

私がSNS担当者に着任した当初、最も悩んだのは「どの路線でいくか?」ということでした。

テクニック的なことはある程度、身についていましたので、フォロワーを集めたり、「いいね」を獲得する基本的な運用はすぐにでも実施することができます。しかし、それでは他のアカウントと同じになってしまう。

まず、ゴールはあくまで「来館」ということに絞りました。見てもらうだけ、「いいね」をもらうだけでは意味がありません。森美術館に来てもらうには、どの路線でいけばいいのか? その「**方針決め**」が肝心です。

有名な企業アカウントのように、自由にやってみようと研究したこともありました。当時、美術館のSNSアカウントで、「中の人」がフランクな調子でつぶやくアカウントはなかったので、他との差別化になるだろうと思ったのです。

しかし、いまではその方針をとらないでよかったと、心底思っています。

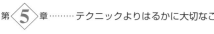

ツイッターで話題を獲得していく有名企業の「中の人」たちのやり方を否定しているわけではありません。その言動が「Yahoo!ニュース」に載ったり、ツイッターのトレンドに上がったり、とてつもない影響力があると思っています。ただ、おそらくそのアカウントのフォロワーは、企業のファンでもあるのですが、どちらかといえば「中の人」のファンだと思うのです。有名人をフォローしているのと同じような感覚です。

確かに、企業アカウントらしくない「血の通った投稿」は、ギャップもあって楽しいですし、そのフォロワー数と拡散力から、広告換算値としても相当高いでしょう。

しかし、SNSの姿勢がそのまま企業の雰囲気やブランディングに直結していることも事実です。

となると、森美術館が自由に語ったところで、ファンが喜んでくれるのか、来館につながるのか。それは別だと思ったのです。美術館という3文字から感じるイメージは、自由につぶやくイメージと結びつかないのです。

森美術館のSNSのゴールは、来館してもらうという目的ただひとつです。なので、森美術館のレピュテーションを安易なSNS運用で下げるわけにはいきません。**コツコツ信頼を積み上げて、将来的にユーザーに来館してもらう道**を選びました。

また、「中の人」が自由に発言する企業アカウントには、問題がひとつあります。それは、**その人のセンスに頼ってしまう**ということです。つまり属人化してしまう、ということです。

多かれ少なかれ、SNSの管理者の個性は出てしまうもの。しかし、担当者が変わったら成り立たないほどに属人化してしまうのは企業側にリスクがあります。

企業には組織変更もありますし、社員の異動、転職もありえます。そうなったとき、誰がアカウントを引き継ぐのでしょうか。だからといって、いまさら後戻りすることもできません。

そう考えると、誰がやっても同じような成果が出る仕組みを作る、継続してゴールを目指していくタイプの企業アカウントを構築するほうが大切だと思います。

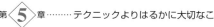

他には、マスコットキャラクターを作るという路線もあります。実際、ある博物館のツイッターでは、マスコットが「中の人」を務めています。写真にもたびたび登場し、「かわいい」「癒やされる」との声が多く寄せられています。

しかし、このやり方は、短期間でアカウントの力を伸ばすひとつの解決策かもしれませんが、私はお勧めはしません。なぜなら、フォロワーの多くは、マスコットのファンだと思うのです。「いいね」やシェアをされ、拡散につながる力になりますが、果たして博物館のブランディングにつながっているのか。その展覧会に行きたくなるのか読めないのです。

実際、エンゲージメントを分析すると、マスコットが登場する写真に「いいね」が集中していることがわかります。比較すると、展覧会のお知らせなどには「いいね」が少ないのがわかります。

来館に直結する展覧会のお知らせに、「いいね」がつかないのは致命的です。この路線もまた、安易に手を出すことはできません。

私は、時間さえあればこんなことを考えています。もし自分がこの会社のＳＮＳ担当者だったらどうするか？　どんな投稿をするか？　ただ真似をするのではなく、**自分だったらどうするかを考える**のが、新しいアイデアに出会うコツです。

私が、ＥＣサイトのＳＮＳアカウントの担当であれば、そのＥＣサイトがどのような理念でサービスを提供しているのか、顧客に対してどんなことを考えているのか、そうした内容をたくさん投稿すると思います。

酒造メーカーであれば、ただ商品を紹介するだけでなく、お酒がある生活をイメージさせる投稿や、あるいは仕込みの風景、杜氏《とうじ》の言葉などを載せて、自社のお酒を飲んでみたくなるような投稿をするでしょう。

つまり、商品やサービスのブランドを上げることから始めると思います。

いずれにしても、企業アカウントは、最初にしっかり設計図を作ってから始めるべきです。

目的の先にある「志」にフォロワーは集まる

設計図を作るとき、まず明確にしたいことがあります。**「自分たちが伝えたいこと」と「その先にあるもの」です**。わかりやすくいえば、前者は目的、後者は志、理念といったところでしょうか。

たとえば和菓子屋さんだったら、お店に来てもらうことが目的だとすると、その先には何があるのかを考えます。「本当においしい自社商品をみんなに知ってほしい」とか、「創業時から、贈ると誰もが喜んでもらえる和菓子を、みんなで一生懸命作っています」とか、企業活動の中心的な部分を明確にするのです。それだけでSNSの投稿も変わってくるはずです。

森美術館の場合、ゴールは来館であるとお伝えしてきました。私はマーケティングの担当者ですから、会社から求められているのは、来館者を増やすことです。しかし、それはあくまで「目的」です。その先には「志」があります。

SNSをやっていると、つまらない噂話や炎上、事件など、社会のネガティブな情報がたくさん流れてきます。一方で、自分の仕事に関する情報やノウハウなども、たくさん流れてくるでしょう。

情報過多のタイムラインの中に、ネガティブではなく、せかせかした情報でもなく、どちらにも直結していない、第三の価値を流したい。文化的な情報やアートの力で、自分の心や人生を少しでも豊かにしてもらいたい。それが、私が考える森美術館SNSアカウントの「志」です。

そういう思いで日々、投稿しているので、「来てください」「買ってください」といった宣伝臭のするアカウントにはなりません。手前味噌ですが、だからこそ私がSNS担当者に就任してから、フォロワーがぐんと増えたのだと思っています。

もちろん森美術館を含め、あらゆる企業の活動は、たくさん売ること、たくさんお客さんを集めること、たくさん利益を出すことが前提になります。それをおろそかにしてはいけない。しかし、自分たちの商品でお客さんにどうなってほしいのか、自分たちのサービスで社会をどう変えたいのか、そうしたビジネスを超越した志、理念で動いていったほうが、結果的により高いところへ行ける気がします。

そういう思いで投稿をしていると、アカウント全体から「いい匂い」がしてきます。ちょっとしたスパイスのようなもので、ひとつひとつの投稿を見ても気づかないかもしれませんが、1年経つ頃には、他のアカウントを大きく引き離していきます。自然とフォロワーも増えていくし、企業のブランディングにもつながっていきます。

よく「1カ月でフォロワーを1万人にするにはどうしたらよいですか？」といった質問を受けるのですが、「それは無理です」とはっきりお答えしています。**日々の積み重ねで「いい匂い」のするアカウントを育てていきましょう。**

「どれだけ見てもらえたか」が最大の指標

とはいえ、「志」を再確認したあとは、それを踏まえた**短期的な目標をどこに置くか**も、考えておかねばなりません。

ＥＣサイトを運営する企業などでは、どれだけ自分たちのウェブサイトに誘導できたかをＫＰＩ（重要業績評価指標）にしているはずです。しかし森美術館は、ウェブサイトへの誘導も、クリック数も重視していません。

重視している指標は「**どれだけ見てもらえたか**」です。つまりインプレッション（表示回数）と、「何人に見てもらえたか」というリーチで考えています。

極端な話、あらかじめ決めたターゲット層に対して、一人でも多くの方に投稿を見てもらうことに価値があると考えています。

森美術館は、これから知名度が上がると思われる若手アーティストを扱うこともあります。知らないアーティスト、見たこともない作品の展覧会に行く気を起こさせるには、整理した情報でターゲットにパチンとリーチさせながら、キービジュアルからグッズの情報まで、あらゆる情報を断片的に広い層へ届けていくことが効果的です。

ですから、広告のターゲットは絞ります。メインは東京、神奈川、埼玉、千葉の一都三県に住む、20～30代の男女。中でもアート、音楽、映画、ファッションなどの趣味を持っている人たちに、一人でも多く届くような方法をとっています。

知らないものにお金を払って行ってみようとする人は少ない。まずは、とにかく知ってもらうことが最優先です。

一方、「村上隆の五百羅漢図展」など、現代アートのスーパースターを扱う場合、つまりアーティスト自身に知名度がある場合は、作戦を変える必要があります。

この場合はとにかく、村上隆さんのファン全員に情報を届けないといけないので、その層には集中して広告を出します。村上隆という名前は知っているけれど、展覧会に来たことはない、という人にも出します。加えて「五百羅漢」という展覧会のテーマから、仏教美術、日本美術に関心がある層にも広告を打っていきます。

広告の内容も、「ひとり1800円です、ぜひ来てください」みたいな感じには絶対しません。宣伝臭が漂うからです。「こんな展覧会をやっていますよ」という事実だけを、ひたすら伝えていきます。

アーティストに知名度がある場合はターゲットを絞ることができるのですが、「カタストロフと美術のちから展」のようなグループ展だとそれも難しい。そうした場合は、一都三県に住む20～30代の若者に、キービジュアルと、展覧会名をひたすら刷り込んでいきます。

グループ展の場合、広告ではアーティストの名前は出さないようにしています。展覧会名より、人名のほうが目を惹く場合があるからです。個展と勘違いされてしまう恐れがあるのです。

「宇宙と芸術展」では、チベット曼荼羅の画像をフェイスブックに投稿したところ、比較的、年輩の方から大きな反応がありました。そこで、年輩の方には「曼荼羅」を全面に押し出した広告を、若者にはチームラボの新作を押し出した広告を打ちました。

このように、SNS投稿でユーザーの反応を常に把握できているからこそ、相手の好みに合わせて広告を打ち分けることができるのです。

ネガティブな反応を恐れず、ユーザーと対峙する

異論、批判、クレーム……。炎上までいかなくても、SNSをやっていれば、ネガティブな反応が返ってくることもあります。そんなときは、SNS担当者としてどう対応すればよいでしょうか。

幸い森美術館のアカウントには、こうした返信、コメントが寄せられることは、ほとんどありません。ただ、エゴサーチをしていると、美術評論家の方が「この展覧会について私はこう思う」と意見を述べてくださっている投稿を見かけることはあります。

森美術館の基本的な考え方として、社会に問いを投げかけ、議論が巻き起こることは、

むしろウエルカムだと考えています。肯定的な意見も、否定的な意見も、すべて貴重な意見として受け止めています。美術館は、議論のプラットフォームであるべきと考えています。

辛辣《しんらつ》なご意見や、否定するような意見に出会うと、誰しも心がざわつくものです。しかし、**一喜一憂する必要はありません**。

それを怖がっていては、世の中を揺さぶるような問いを投げかけることができませんし、そもそも、「中の人」の仕事が務まりません。「中の人」は、ユーザーと真正面から対峙していることで影響力を持つことができるのです。

「森美術館は撮影ＯＫです」という投稿をする際にも、トラブルになったことはありません。「落ち着いて鑑賞したいのに、撮影している人が多くて邪魔だ」というご意見が出るかもしれないと覚悟していたのですが、スタッフに確認したところ、現場で直接のお問い合わせはほとんどないとのことでした。

シャッター音がうるさい、という投稿を見かけたことはあります。これは、実は日本特有の問題です。海外のスマートフォンのカメラは、基本的に「カシャッ」というシャッター音が鳴らない仕様になっています。というより、日本の仕様でのみ鳴るようになっているのです。

この点だけは海外仕様に変えてほしいと思う一方、シャッター音には盗撮などを防ぐ目的もありますから、これぱかりは仕方ないとも思っています。

少し話がそれますが、音の問題でいうと、「足音」のほうがクレームになりがちです。ヒールや革靴の「コツコツ」という音が、静かな館内では耳障りに感じることがあるのです。ある美術館では、フローリングの床を来館者に配慮した静かな展示環境を提供するために、カーペットに張り替えたと聞いたこともあります。


ユーザーからのご意見については、「村上隆の五百羅漢図展」の会期末に、こんなことがありました。森美術館は、コンビニエンスストアなどで前売りチケットを販売しています。あらかじめ買っておけば、チケット売り場で並ばず、スムーズに入館できるという仕組みです。

私もツイッターで、前売り券の情報を発信していました。ところが最終日、「コンビニへ行ったのに買えなかった」というツイートが寄せられたのです。状況をすぐに確認すると、販売を夕方で切り上げたとのこと。最終日の夜まで販売していると、最終入館に間に合わない恐れがあるからです。

100パーセント、こちらの確認ミスです。すぐに投稿者に謝罪と当日券の購入をお願いする投稿を返信しました。森美術館では基本的に返信はしていないのですが、こちらに落ち度があった場合は別です。問題をみなさんと共有する意味も込めて、引用リツイートやリプライ機能を使って返信するようにしています。

「外」と「内」に発信して理解を得る

最近では、マーケティング担当者向けのセミナーで、森美術館のデジタル戦略をお話しさせていただく機会が増えました。業種を問わず、さまざまな企業担当者からよく耳にするのが、「会社や上司に、SNSマーケティングの重要性を伝えるにはどうしたらよいか」という悩みです。

話をうかがうと、会社に理解してもらうことを、あきらめている人も多いようでした。

確かに、SNSをやっていない人から見れば、インスタグラムに投稿をしている姿などは、スマートフォンで何かを検索している姿にしか見えません。外見からはなかなか伝わりにくいのです。

しかし、SNS担当者は、多くの人に影響を与える大切なプロダクトを、手のひらのデバイスから作っているのです。理解してもらうことをあきらめてはいけません。

SNS担当者は**「外」だけでなく「内」にも発信していく「義務」がある**と思っています。SNSマーケティングの重要性が理解されず、「じゃあ、やらなくてもいいか」となれば、会社にとって大きな損失です。私たちのような「中の人」、ソーシャルメディア・マネージャーの立場も、いつまで経っても安定しません。そうなると、企業SNSも安定しなくなります。

大事なのは、社内への報告・共有を怠らないようにすること。そして、理解されやすい進捗報告を心がけること。報告までを含めて、SNS担当者の仕事と考えてください。森美術館は、次のような流れでどれほどのレベルで情報が拡散したのかがひと目でわかる表を作成し、報告書にまとめています。

①期間を定める
②投稿の記録をとる
③インプレッションを積み上げてグラフにする

まずは①ですが、効果を計測する期間を定めます。森美術館では、企画展の会期です。その期間にどのような効果をもたらしたのか。年度でもけっこうですし、わかりやすい期間を選ぶとよいでしょう。

次に②、投稿の記録をとることです。少々、面倒な作業ですが、フォーマットさえ作ってしまえば、それほど大変な作業でもないと思います。いつ、何を投稿したのか、そのエンゲージも一緒に掲載しましょう。

記録する項目は、投稿日、投稿テキスト、「いいね」数、シェア・リツイート数、インプレッション数ぐらいがあればよいでしょう。

それから③。理解してもらうには、わかりやすい可視化された数字が大切です。そのときに、③が大きなポイントになります。大切なのは、②で記録した各投稿のインプレッション数を、積み上げのグラフにすることです。

次ページの図は、サンプルのグラフです。展覧会の始まりから終わりまで、インプレッションの数を「積み上げ」てグラフにしています。期間を通じてこれだけ多くの表示がされている、ということを、視覚的に理解できます。

途中で、階段のような段差ができることがあります。この段差は、いい投稿ができたと

▶インプレッションの積み上げグラフの例

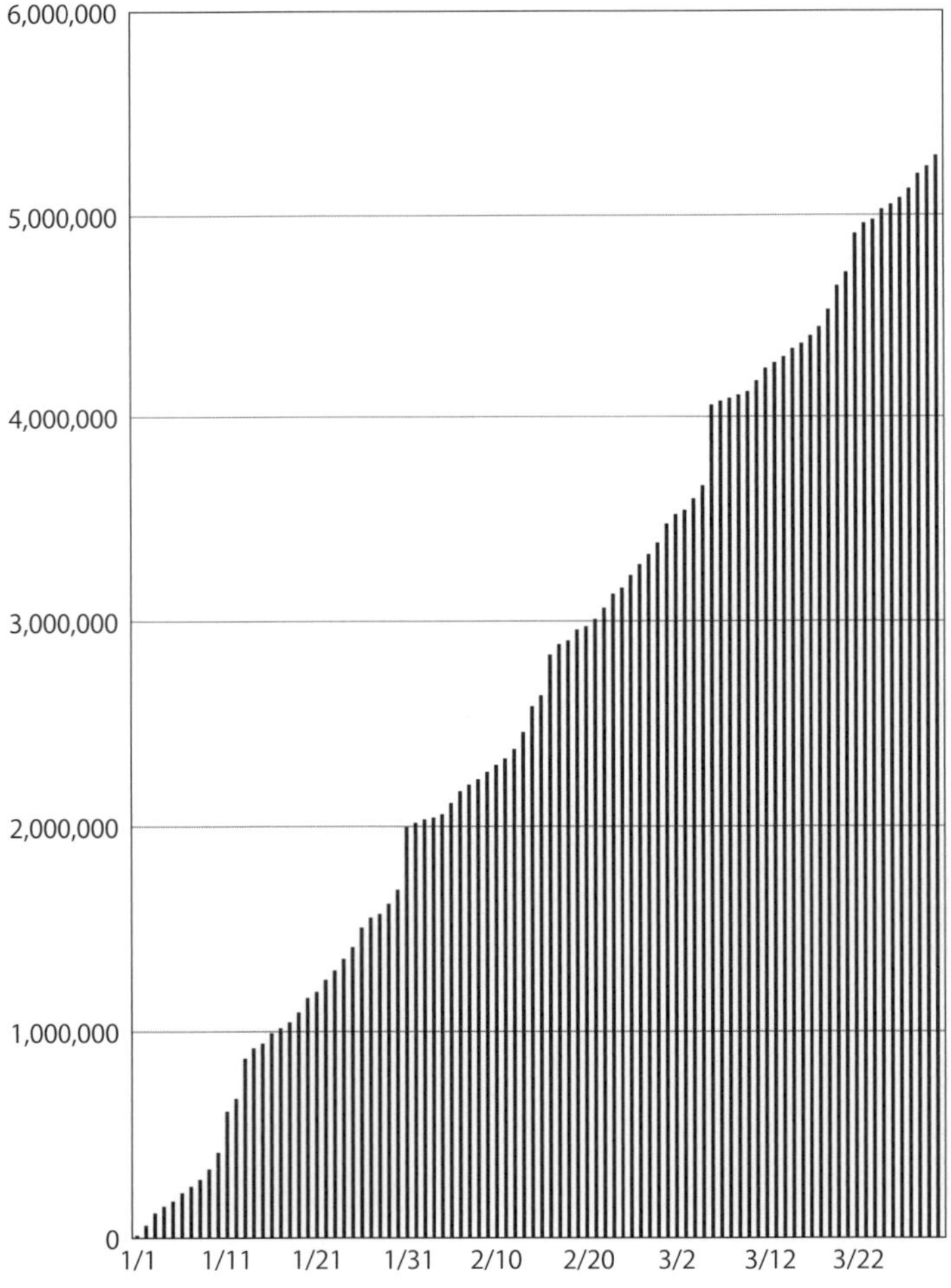

いう印です。そのとき②の記録を振り返って、どんな投稿だったのか検証することも大切です。

このようなデータを定期的に社内で共有していくことは、「中の人」の大切な仕事のひとつです。場合によっては、この表をプリントアウトし、きちんとファイル化して、誰でも見ることができるようにするのも手です。この数字は、企業や組織の力を知るうえで重要なデータなのです。

「こんなに効果が出るのに、なぜ理解してもらえないの？」と嘆いていてもしかたありません。ユーザーに対して戦略的に投稿するように、社内にも理解してもらえるよう力を尽くして、ＳＮＳを活発に発信できる環境を作ってください。その責任が担当者にはあるのです。

「中の人」が企業アカウントの力を伸ばし、活かします。そんな「中の人」がいなくなったらどうなるか、ここまで読まれた方は、ご理解いただけると思います。

「中の人」にできることはまだたくさんある

２００３年に六本木ヒルズが開業し、美術館が街の象徴として森タワーの最上層に置かれました。いまでは森美術館以外にも、サントリー美術館（２００７年、東京ミッドタウンに移転）、国立新美術館（２００７年オープン）をはじめ、たくさんの美術館やギャラリーが六本木に集まってきています。

森美術館だけでなく、六本木全体のアート情報やイベント情報を発信できるようになると、よりユーザーに有益なアカウントになると思います。森美術館をフォローしておけば、六本木のアートシーン、ひいては東京のアートシーンがわかるよね、と思ってもらえるようなアカウントになれれば理想的です。

しかし、いま隆盛のＳＮＳでも、いずれどこかで違うＳＮＳに切り替わっていくのではないかと考えることもあります。いま以上のＳＮＳのやり方を目指していくなら、枠を飛び出して、次の新しいものを研究していく。その準備をしておくことこそが、進歩と変化が速いデジタルマーケティングの世界で適応していく、唯一の方法なのかもしれません。

欲をいえば、東京だけでなく、世界中の美術館とつながっていくことができたら最高です。

たとえば、「プール割り」で協力してくださった金沢21世紀美術館。そして、瀬戸内海の直島にある地中美術館。距離こそ離れているものの、この2館とは開館時期が近く、現代アートの美術館という共通項もあって、近しい存在だと思っています。

3館とは「ミュージアムリンク」という協力関係を結んでおり、入場料の割引や、プレゼントがもらえたりするスタンプラリーも行っています。

2019年2月に開幕した「六本木クロッシング2019展：つないでみる」では、場所もジャンルも異なる美術館と連携することができました。

この展覧会は2月9日に開幕したのですが、2月9日に開催する大型の展覧会が、なんと国内で7つもあることがわかりました。前述したプレスプレビューは開幕日の前日にあることが多いので、同日開幕する展覧会が多いとメディアのスケジュールがバッティングしてしまう恐れがあります。

メディアリレーションでは、美術館どうしが、プレスプレビューの時間を調整するなど連携が出てきます。そのような中、これを逆手にとって、「六本木クロッシング2019展：つないでみる」のサブタイトルにちなみ、「つないでみる割り」と称して、同日開催するミュージアムを「割引」でつなぐ企画を実施しました。

東京都美術館、三井記念美術館、国立国際美術館、和泉市久保惣記念美術館、森美術館の5館が連携することができました。各館のチケットを森美術館で提示するとそのまま割引になるサービスを実施しています。

ただ、SNSの連携はそこまで活発にできているわけではありません。もっと「中の人」どうしで掛け合いができたらよいのですが、相手の負担になってはいけないので、そこは様子を見ながら、ということになります。もし多くのミュージアムの「中の人」たちが連携して、年に一度でも、SNSを通じて何かできれば面白いと思っています。

しかし、広報の専任担当がいない美術館も多いと聞きます。

学芸員があらゆる業務を兼任しているのです。展覧会を企画し、アーティストの窓口になり、展示計画を作り、ポスターやチラシも作り、会場のオペレーションも見る……。学芸員は「雑芸員」だ、とよく言う人もいます。となると、SNSに割く時間はとうていありません。

とりわけ地方のミュージアムは、少子化、高齢化の影響で来館者が年々減少し、人手も予算も不足しているところが多いようです。

しかし、そうしたミュージアムこそSNSを活用してほしいと思っています。新たに人を雇う必要はありません。目立とうとする必要もありません。いまいるスタッフが、実直に、日々のことを背伸びしないでルーティーンワークで投稿していけばいいのです。

なぜこの博物館ができたのかとか、この作品ができた経緯が面白いとか、館長のキャラクターがいいとか、建物が有名な建築家の作品だとか、ユーザーがどこで反応するかわかりません。

発信しないと、知ってはもらえません。**知ってもらえないと、やっていないことと同じ**です。頑張ってポスターとチラシを制作して、役所、図書館、学校、公民館、駅に置いたら、終わり。結局、来場者は400人でした、ではもったいない。

SNSは人手や予算がなくても効果を出せる、強い「武器」であることを本書でお伝えしてきました。その武器を、ぜひ活用してほしいのです。

地方には、まだまだ面白いコンテンツがたくさん埋もれているはずです。各館がSNSで発信していくことで、それが自然に掘り起こされれば、日本各地のコンテンツがもっともっと面白くなるのではないでしょうか。さらに地域、行政も巻き込んでSNSで発信していけば、その盛り上がりも注目されるでしょう。

「今度はあの美術館に行ってみようか？」

「この博物館が面白いらしい」

そんな会話が、そこら中から聞こえてくるようになればいいな、と思います。

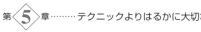

おわりに

「中の人」がいる大切さ

ここまで読まれて、美術館のSNSの「中の人」が、毎日あれやこれやと試行錯誤している様子をご理解いただけたのではないかと思います。経験した出来事や、そのとき思ったことを、率直にお伝えしてきたつもりです。

私はよく、「何をやればすぐに効果を出せますか?」と聞かれます。この質問に対して、はっきり答えられることが1つあります。

それはSNSの「中の人」、つまり**「ソーシャルメディア・マネージャー」という専任のポジションを置くこと**です。

多くの組織では、専任の担当を置いていません。担当者がいたとしても、他にメインの業務があって、その片手間にSNSをやっているケースが多い。しかしSNSは、片手間でやってもなかなか効果は出ません。投稿の分析や、戦略を考えることは、思った以上に時間がかかるのです。

ですから私は、「できれば専任の担当を置いてください」とお話ししています。たとえ兼務であっても、仕事の比重をＳＮＳに置くことができれば、おそらくよい結果はすぐに出てきます。

また、専任を置いている組織でも、素材の準備から投稿、分析、結果報告まで、アウトソーシングしているケースがあります。どうしても人員を割けない場合、運用を外部に委託するのはひとつの方法です。

ただ、組織の「中の人」だからできる投稿もあります。私は毎日、森美術館のオフィスにいますから、アーティスト、キュレーター、コーディネーター、コンサバターなど、企画・制作に関わる人たちから、広報チーム、管理・運営担当まで、さまざまな人たちが苦労して展覧会を作り上げていく様子を見ています。

この空気感を知っていて投稿しているのと、外部のプロが投稿するのとでは、差が出てくると思うのです。それが「中の人」の強みです。

「中の人」の強みは、他にもあります。ＳＮＳを運用していると、思わぬ副産物があるのです。それは、**SNSを意識したプロモーションを発想することができるようになること**です。

本書でご紹介した「プール割り」や「つないでみる割り」が、その代表例です。鉄隕石の刀剣《流星刀》の企画も、同じロジックで発案したものです。

残念ながら、実現しなかった企画もたくさんあります。しかし、こうしたセンスが自然に磨かれていくのは、組織にとっても大きなメリットではないでしょうか。

話題になりそうなネタを、常に探す癖が身につく。その特徴を分析したり、他社の事例を研究したりしているうちに、話題になるネタの共通点を感じとるアンテナが育っていく。そこまでいけば、単に話題になるネタを探すだけでなく、話題になる企画を自ら発想することができるようになります。

いずれにしても、このような副産物がありますし、やる価値は絶対にあります。

ここまでお話ししたことを思い出してみてください。

本書は、デジタルマーケティングと呼ばれるジャンルの本になりますが、数字やグラフを多用した技術解説よりも、運用理論、ユーザー目線の戦略、そして「中の人」のあり方に重きを置いてきました。

デジタルツールを使って結果を出すために、組織として、担当者として何をするべきなのか、それを感じていただきたかったのです。

繰り返しになりますが、「文化・芸術は経済の上にあるべきもの」という言葉の通り、ビジネス的な投稿ではなく、文化的・芸術的な投稿をすることで、あなたのアカウントが強力な力を持ちます。SNSで行き詰まったらぜひ思い出してください。

せっかくですから、本書を読んでくださったみなさんと、SNSでつながることができたらと思っています。もしよろしければ、次の公式アカウントを見にきてください。

森美術館公式SNSアカウント

・ツイッター　https://twitter.com/mori_art_museum
・インスタグラム　https://www.instagram.com/moriartmuseum/
・フェイスブック　https://www.facebook.com/MoriArtMuseum/

SNSの本らしく、ご意見・ご感想は、ハッシュタグ「#シェアする美術」をつけて投稿していただけると嬉しいです。

最後になりますが、本書の出版に際しては、翔泳社の長谷川和俊さんに大変お世話になりました。心より感謝いたします。

そして最後まで読んでくださった読者のみなさまにも、厚くお礼申し上げます。私がお伝えしてきた「文化的・芸術的な投稿」がSNS中に広まり、スマートフォンの画面越しにそれを受け取った方が少しでも豊かな気持ちになってもらえたら、これ以上の喜びはありません。

2019年6月

洞田貫晋一朗

本書内容に関するお問い合わせについて

このたびは翔泳社の書籍をお買い上げいただき、誠にありがとうございます。弊社では、読者の皆様からのお問い合わせに適切に対応させていただくため、以下のガイドラインへのご協力をお願い致しております。下記項目をお読みいただき、手順に従ってお問い合わせください。

●ご質問される前に

弊社Webサイトの「正誤表」をご参照ください。これまでに判明した正誤や追加情報を掲載しています。

正誤表　https://www.shoeisha.co.jp/book/errata/

●ご質問方法

弊社Webサイトの「刊行物Q&A」をご利用ください。

刊行物Q&A　https://www.shoeisha.co.jp/book/qa/

インターネットをご利用でない場合は、FAXまたは郵便にて、下記"翔泳社愛読者サービスセンター"までお問い合わせください。
電話でのご質問は、お受けしておりません。

●回答について

回答は、ご質問いただいた手段によってご返事申し上げます。ご質問の内容によっては、回答に数日ないしはそれ以上の期間を要する場合があります。

●ご質問に際してのご注意

本書の対象を越えるもの、記述個所を特定されないもの、また読者固有の環境に起因するご質問等にはお答えできませんので、予めご了承ください。

●郵便物送付先およびFAX番号

送付先住所　〒160-0006　東京都新宿区舟町5
FAX番号　03-5362-3818
宛先　（株）翔泳社 愛読者サービスセンター

※本書に記載されたURL等は予告なく変更される場合があります。
※本書の出版にあたっては正確な記述につとめましたが、著者や出版社などのいずれも、本書の内容に対してなんらかの保証をするものではなく、内容やサンプルに基づくいかなる運用結果に関してもいっさいの責任を負いません。
※本書に記載された内容はすべて筆者の個人的な見解に基づいたものであり、特定の機関、組織、グループの意見を反映したものではありません。また、本書に掲載されている情報の利用によっていかなる損害が発生したとしても、著者並びに出版社は責任を負いません。
※本書の内容は、2019年5月10日現在の情報に基づいています。

洞田貫 晋一朗（どうだぬき・しんいちろう）
森ビル株式会社 森アーツセンター 森美術館マーケティンググループ広報・プロモーション担当 シニアエキスパート。
1979年生まれ。東京都出身。2006年森ビル株式会社入社。六本木ヒルズ展望台東京シティビュー、森アーツセンターギャラリーの企画・運営、広報などを経て、現在は森美術館のマーケティンググループに所属。美術館デジタルマーケティング、プロモーションに従事。文化施設におけるSNSの運用についてセミナー講演も多数。

編集協力　石井 晶穂
装丁　井上 新八
DTP　一企画

シェアする美術

森美術館のSNS《エスエヌエス》マーケティング戦略

2019 年 6 月 12 日　初版第 1 刷発行
2019 年 10 月 5 日　初版第 3 刷発行

著者　洞《どう》田《だ》貫《ぬき》 晋一朗《しんいちろう》
発行人　佐々木 幹夫
発行所　株式会社 翔泳社（https://www.shoeisha.co.jp）
印刷・製本　大日本印刷 株式会社

ISBN978-4-7981-6000-9　Printed in Japan